PEUT-ON PRÉVOIR L'AVENIR ?

JACQUES ATTALI

Peut-on prévoir l'avenir ?

Le sien, celui des autres

Fayard

Couverture : © lateliercb.com
Illustration : Getty images

ISBN : 978-2-213-68675-2

© Librairie Arthème Fayard, 2015.

À Claude Durand

« Aujourd'hui, sur demain tu ne peux avoir prise.
Penser au lendemain, c'est être d'humeur grise.
Ne perds pas cet instant, si ton cœur n'est pas noir,
Car nul ne sait comment nos demains se déguisent. »

Omar Khayyâm

Sans doute dois-je une part importante de mon identité à une prévision erronée de ma mère et à une autre, exacte, de mon père : n'ayant pas prévu d'accoucher de jumeaux, ma mère n'avait choisi qu'un seul prénom ; et c'est le hasard qui décida du mien (un berceau supplémentaire, apporté en catastrophe dans sa chambre d'hôpital, portait encore une étiquette avec ce qui devint mon prénom). Ayant prévu, depuis très longtemps, le sort futur de l'Algérie, mon père, dont la famille vivait depuis des siècles dans ce pays, décida de s'installer à Paris dès les débuts de la guerre d'indépendance, sous les risées de tous ses proches, qui ne comprenaient pas ses inquiétudes, et au grand bénéfice de ses enfants, dont le destin eût sûrement été très différent s'ils étaient arrivés en métropole dans la panique générale qui suivit la fin du conflit.

Sans doute est-ce là une des raisons, parmi les plus secrètes, qui font que je me consacre, depuis des décennies, au déchiffrement de l'avenir, et que j'en explore les multiples dimensions, de mille façons différentes, de livre en livre.

Sans doute aussi parce qu'une des façons de prolonger sa propre vie, au-delà des limites du vraisemblable, est de réfléchir assez intensément à l'avenir lointain pour éprouver la sensation d'y vivre.

Oui, prévoir l'avenir est dangereux, parce qu'on risque d'y trouver la nécessité d'actions difficiles que chacun préférerait ignorer.

Oui, prévoir son avenir est indispensable ; non pour s'y soumettre, mais pour en maîtriser les risques et décider, autant qu'il est possible, du cours de sa vie.

Oui, prévoir son avenir est possible. Non pas le prédire, et encore moins le connaître, mais seulement, et dans certaines limites, le prévoir.

Pour y parvenir, les hommes emploient depuis des millénaires les mêmes techniques, malgré leur efficacité plus qu'incertaine. Depuis peu, des machines ultra-puissantes semblent à la veille d'être vraiment capables de prédire notre destin.

Pour ma part, je crois qu'on peut d'ores et déjà prévoir l'essentiel de notre avenir, individuel et collectif, à condition de suivre des voies très particulières, faites de raison et d'intuition, utilisant toutes les connaissances accumulées jusqu'à aujourd'hui et les dépassant, ouvrant de nouveaux chemins de libertés. J'en dévoile ici les méthodes.

PEUT-ON PRÉVOIR L'AVENIR ?

Pour ceux qui ne pensent qu'à eux-mêmes, prévoir l'avenir se réduit à tenter d'anticiper le leur, à des horizons variables selon les cultures et les époques : que vais-je devenir ? Serai-je aimé de ceux que j'aime ? Quand est le bon moment pour faire telle ou telle chose ? Le temps sera-t-il clément demain ? Vais-je gagner ou perdre telle bataille ? Combien de temps me reste-t-il à vivre ? Quelles maladies me menacent-elles ? De quoi mourrai-je ? Qu'est-ce qui m'attend après la mort ?

Pour ceux qui se préoccupent aussi du destin de leurs proches, d'autres questions se bousculent : que réserve l'avenir à ceux que j'aime ? À ma communauté ? À mon entreprise ? À mon pays ? À l'humanité ? À la planète ?

À toutes ces questions, l'humanité a cherché inlassablement des réponses. Longtemps en vain. Elles sont aujourd'hui largement accessibles, en tout cas pour l'avenir terrestre, à condition de savoir où les chercher.

Je me suis très tôt intéressé à la prévision de mon propre destin et de celui des autres, et plus généralement, de celui des sociétés humaines. Si je n'ai jusqu'ici publié aucun texte sur les techniques que j'emploie pour prévoir, j'ai beaucoup écrit sur le résultat de l'application de ces techniques au destin d'ensembles divers.

J'ai commencé en 1975, dans un livre intitulé *La Parole et l'Outil*, où j'expliquais comment, progressivement, on utiliserait de l'information à la place de l'énergie et comment, en particulier, les outils de communication remplaceraient peu à peu les moyens de transport ; puis, en 1977, avec un essai sur l'histoire de la musique, *Bruits*, j'ai montré que la musique, dans sa composition et sa pratique, évoluait plus vite que les autres activités humaines : prévoir ses mutations, et celles du statut du musicien, pouvait donc aider à comprendre celles des autres dimensions des sociétés. Cette recherche m'a permis de prédire, dès cette année-là, la place croissante que la musique allait prendre dans toutes les sociétés et à tous les moments de la vie, sa mise à disposition gratuite, son partage, l'avènement de ce qui est devenu YouTube, le développement du spectacle vivant et de la pratique musicale ; ainsi que d'autres évolutions, qui restent encore à vérifier, telles que l'émergence de nouveaux instruments de musique, et la généralisation de la pratique artistique au détriment de sa consommation.

Dans deux textes ultérieurs, publiés en 1978 et 1981, (*La Nouvelle Économie française* et *Les Trois Mondes*) j'ai prévu, entre autres choses, le basculement du centre du monde de l'Atlantique vers le Pacifique, l'avènement de l'ordinateur individuel et du téléphone portable et celui d'une société de surveillance, où chacun porterait sur soi les instruments de son propre contrôle. Dans *L'Ordre cannibale*, paru en 1979, où je m'intéressais à la médecine et à son histoire, j'ai annoncé sa place croissante dans l'économie, la prolétarisation des métiers de santé, l'« autosurveillance » du corps et de l'esprit, le développement de la robotisation et des organes artificiels, le clonage animal et humain, de nouveaux rapports à la mort, et ce qu'on nomme aujourd'hui le « transhumanisme ». J'ai aussi décrit comment l'homme allait devenir un objet se consommant lui-même, ce qui est exactement ce que matérialise la mise à disposition pour chacun de ses données personnelles.

En 1988, dans *Au propre et au figuré. Une histoire de la propriété*, j'ai annoncé le développement de la location au détriment de la propriété et j'ai inventé le concept d'« objet nomade ».

Dans les années qui ont suivi, j'ai décrit dans différents ouvrages l'avenir de la mesure du temps, de la propriété, de la sédentarité, du nomadisme, du travail, de la sexualité, de l'amour, de la famille, de la liberté, du socialisme, du libéralisme, du capitalisme, du judaïsme, du rapport à la mort, de l'idéologie, de la modernité, de l'art, de l'Europe, de la gouvernance mondiale ; avant d'en proposer des synthèses provisoires dans deux livres successifs : *Lignes d'horizon* en 1990 et *Une brève histoire de l'avenir* en 2006, livre réactualisé à l'automne 2015, à l'occasion de deux expositions complémentaires et éponymes, l'une au musée du Louvre à Paris et l'autre au musée des Arts royaux à Bruxelles.

PEUT-ON PRÉVOIR L'AVENIR ?

*
* *

Je veux ici expliquer comment je prévois l'avenir ; et comment chacun de nous peut y parvenir.

« Connaître l'avenir », « prédire l'avenir », « prévoir l'avenir » : trois expressions qui disent apparemment la même chose. Et qui sont pourtant fort distinctes. Dans toutes les langues.

« Connaître l'avenir », c'est penser qu'il est fixé à l'avance et qu'on peut en découvrir tous les détails. Ceux qui le croient possible en déduisent qu'il faut se résigner à accepter notre destin comme il viendra, puisqu'il nous est imposé, jour après jour, par les dieux ou par la nature. Que nous devons prier les dieux afin qu'ils le changent.

« Prédire l'avenir », c'est encore penser qu'il est immuable, mais sans plus croire qu'il soit entièrement accessible à notre connaissance ; c'est alors se contenter d'en deviner des bribes, d'anticiper un peu de ce que le destin nous réserve, sans non plus espérer le modifier, sinon par la prière…

Enfin, « prévoir l'avenir », c'est aussi essayer de le deviner, au moins partiellement, mais en considérant qu'il n'est pas figé, et qu'il est possible, par l'action, de lui faire prendre un autre chemin que celui que décrit la prévision.

Chercher à « connaître » l'avenir ou à le « prédire », c'est se résigner. Chercher à le prévoir, c'est se préparer, si on le souhaite, à vivre libre, à « devenir soi ».

PEUT-ON PRÉVOIR L'AVENIR ?

*
* *

De cela, on peut déduire le rapport entre le « prévoir soi », sujet de ce livre, et le « devenir soi », sujet d'un livre précédent (*Devenir soi*, paru en 2014). Il est très important de ne pas les confondre : le « prévoir soi » est ce qui nous attend. Le « devenir soi » est ce qu'on souhaite devenir. Le premier exige de la lucidité ; le second de l'ambition. On peut être lucide sans être ambitieux et être ambitieux sans être lucide.

Ceux qui pensent qu'on peut « connaître » l'avenir ou le « prédire » considèrent le « devenir soi » comme déterminé à l'avance, à moins de prier ou de défier les dieux.

Ceux qui pensent qu'ils peuvent influer sur leur destin ont besoin, d'abord, de comprendre ce que l'avenir semble leur réserver ; pour détourner, si nécessaire, le cours du destin et le rapprocher d'une trajectoire rêvée. Comme un général envoie un éclaireur, ou un espion, observer ce qui se passe chez l'ennemi, pour lui rendre ensuite compte de la situation et lui permettre d'élaborer une stratégie ; prévoir, c'est se faire éclaireur du temps. Espion de l'avenir.

Mais la réciproque n'est pas toujours vraie : on peut souhaiter prévoir son propre avenir juste pour éviter un danger, sans pour autant vouloir changer le cours de sa vie, ni chercher à « devenir soi ». Par exemple, quand on roule sur une route de nuit, on a intérêt à allumer les phares afin d'éviter les obstacles, mais pas nécessairement pour changer de destination ; de même, une entreprise a intérêt à évaluer tous les risques qu'elle peut encourir juste pour les éviter, sans pour autant vouloir changer d'activité. Un banquier a intérêt à connaître toutes les circonstances dans lesquels son prêt pourrait ne pas être remboursé sans pour autant vouloir modifier sa politique de crédit. Une nation a intérêt à prévoir les risques qu'elle peut courir, sans pour autant nécessairement vouloir changer de modèle de développement ou de projet politique. L'humanité a intérêt à prévoir l'évolution du climat de la planète, pour essayer d'en contenir les conséquences désastreuses, sans pour autant vouloir changer plus largement son destin. Et plus particulièrement les peuples martyrs et les victimes de ségrégation spécifique sont sans cesse dans l'obligation de prévoir les menaces qui les guettent ; prévoir l'avenir est pour eux une condition de survie, qui ne leur impose pas nécessairement de changer de pays ou de confession.

Aujourd'hui, ceux qui ne peuvent ou ne veulent prévoir leur avenir se préparent des lendemains tragiques. Prosaïquement, ils ne préparent pas leur retraite ; ils vivent à crédit sans se préoccuper de savoir comment rembourser ; ils négligent les conséquences de leurs actes sur l'environnement et sur les autres ; même s'ils savent ce qui va en découler, ils préfèrent l'ignorer.

Seuls survivront longtemps ceux qui n'auront pas joué un jeu aussi suicidaire, et qui auront su prévoir et aider les autres à prendre conscience de l'urgence d'anticiper. Pour rester des êtres humains. Ou, mieux encore : pour le devenir enfin.

C'est possible. Il ne faut jamais oublier que le propre de l'homme, ce qui lui a permis de dominer les autres espèces, c'est sa capacité de prévoir l'avenir. Et le propre des chefs, parmi les humains, c'est leur capacité supérieure à y parvenir, à le faire croire, ou à contrôler ceux qui le font ; prévoir doit devenir aujourd'hui une obsession. La liberté est à ce prix.

*
* *

Est-il possible de prévoir l'avenir ?

Pour certains, c'est tout à fait impossible : autant y renoncer tout de suite.

D'abord, parce qu'on ne sait même pas ce qu'est le temps : si chacun ressent bien qu'il s'écoule (dans nos corps, nos vies, nos sensations, nos souvenirs, nos espérances) ; si chacun comprend à peu près ce que sont le passé et le présent, chacun sait aussi que la mémoire est trompeuse, que le présent est souvent illusoire, que l'avenir est immédiatement du passé ; et qu'on ne peut même pas définir le temps (par exemple, a-t-il eu un début, ce qui serait absurde ; ou n'en a-t-il pas eu, ce qui le serait encore davantage ?).

Ensuite, parce que tant d'événements peuvent influer sur l'avenir, personnel ou collectif, qu'il est absurde d'espérer déterminer le cours des choses : si on n'avait pas croisé telle personne par hasard, notre vie eût été totalement différente ; à l'inverse, si on n'avait pas pris du retard dans tel rendez-vous, on aurait pu rencontrer celui ou celle qui aurait pu changer notre destin. Si une entreprise n'avait pas eu tel dirigeant, elle aurait peut-être manqué telle technologie qui l'a sauvée. De même, à l'échelle des peuples et de l'Histoire : si, en juin 1914, à Sarajevo, l'archiduc François-Ferdinand avait échappé à l'attentat qui l'a tué, la Première Guerre mondiale n'aurait peut-être pas eu lieu ; si, en 1984 à Moscou, Youri Andropov, secrétaire général du parti communiste soviétique, n'était pas mort prématurément, ou si Grigori Romanov avait succédé à Konstantin Tchernenko, comme cela était prévu, au lieu de Mikhaïl Gorbatchev, l'Union soviétique existerait peut-être encore. Si, le 11 septembre 2011, le quatrième avion détourné n'avait pas été dévié de sa trajectoire par des passagers courageux et s'était écrasé, comme prévu, sur la Maison-Blanche, le sort de la planète eût été différent.

Plus encore : le monde est devenu si précaire, si fluide, si liquide, si flou ; sa réalité est désormais faite de tant d'images et de virtualités, que passé, présent et avenir sont devenus totalement équivalents, interchangeables, rendant même absurde, aux yeux de beaucoup, toute réflexion sur un concept aujourd'hui apparemment aussi vide que l'avenir.

On peut donc comprendre qu'après un millier de pages d'analyses savantes sur ce sujet, le mathématicien Nassim Nicholas Taleb conclue péremptoirement : « Les prévisions sont tout bonnement impossibles. »

PEUT-ON PRÉVOIR L'AVENIR ?

Pour d'autres, au contraire, même s'il était possible de prévoir, de prédire et même de connaître l'avenir, il faudrait surtout s'en empêcher : faut-il vraiment se savoir atteint d'une maladie incurable ? Faut-il songer à la mort ? Dans un couple, faut-il vraiment chercher à prévoir le comportement de l'autre ? N'est-ce pas se condamner à l'ennui ? Si on savait, avant un dîner chez des amis, qui on allait y rencontrer et ce qui allait s'y dire, aurait-on encore envie de s'y rendre ? Si on savait à l'avance qu'une représentation théâtrale ou musicale allait se dérouler sans incident, y trouverait-on le même intérêt ? De même, si on avait pu prévoir que l'électricité allait causer la mort de plusieurs millions de personnes, l'aurait-on jamais utilisée ? Plus généralement, si l'avenir était totalement prévisible, aurait-on encore envie de vivre ? L'imprévisible n'est-il pas nécessaire à toute vie en société ? À tout plaisir ? À toute décision ?

Pour d'autres, prévoir est non seulement inutile mais dangereux, parce qu'en anticipant les événements, on n'aurait plus aucun prétexte pour ne pas agir.

Pour certains autres, en revanche, il est utile de tenter de prévoir son avenir personnel, mais il ne faut surtout pas essayer de percer les secrets de celui des autres, parce que cela rendrait la vie insupportable : une société où chacun connaîtrait la date de la mort de tous ceux qu'il côtoie serait invivable. Pour ceux-là, plus généralement, l'avenir des autres n'est pas notre affaire ; il ne nous concerne en rien. En particulier, il ne sert à rien de prévoir le sort des générations futures. Groucho Marx remarquait d'ailleurs, en apparence pertinemment : « Pourquoi me préoccuperais-je du sort des générations futures ? Elles n'ont rien fait pour moi. »

Et pourtant, le destin des autres nous concerne, même celui des générations futures, connues ou inconnues, proches ou lointaines : il suffit pour s'en convaincre d'imaginer un monde dans lequel nul ne se préoccuperait plus du sort des autres. Ni de sa famille, ni de ses amis, ni de ses employés, ni de ses employeurs, ni de ses concitoyens, ni de ses enfants, ni de leurs enfants. Un monde, même, où on s'occuperait si peu des générations suivantes qu'il n'y en aurait plus, où personne ne naîtrait plus : un tel monde deviendrait vite, pour les vivants d'aujourd'hui, derniers humains sur la Terre, un enfer.

Mais peut-on prévoir l'avenir ? Tel est l'objet de ce livre.

*
* *

Avant de dévoiler comment je prévois l'avenir et comment chacun d'entre nous, chaque entreprise, chaque pays et l'humanité tout entière peut aujourd'hui prévoir son destin et celui des autres, j'ai besoin d'entreprendre un court voyage dans l'histoire des techniques employées, depuis l'aube des temps.

Parce que aucune n'est innocente et que j'ai eu besoin de chacune d'entre elles, ou presque, pour former ma propre méthode, que je crois à la fois cohérente et efficace.

Les hommes, depuis toujours, scrutent les astres, interrogent des voyantes, font parler les cartes et fouillent dans ce qu'ils pensent être des expressions du destin. Étonnamment, ils s'entêtent à le faire sans douter de la validité de techniques dont nul n'a pourtant jamais apporté la moindre preuve rationnelle de leur efficacité. Comme si l'homme s'accrochait à tout et n'importe quoi pour tenter de comprendre ce qui l'attend, dans un monde où rien ne lui paraît prévisible, pas même, au début de l'humanité, le retour du soleil à l'aube, ni celui de la nuit, au crépuscule. Chacune de ces techniques dit malgré tout beaucoup de l'avenir : de l'observation des astres à l'analyse des rêves, des jeux de hasard à l'interprétation des signaux les plus faibles, tout peut être signifiant.

Comme le pouvoir appartient très largement à celui qui prévoit, ou qui réussit à faire croire qu'il est capable de le faire, ou encore à celui qui contrôle ceux qui prévoient – successivement hommes de Dieu, d'armes, politiciens et hommes d'argent –, cette histoire de la prédiction est aussi, d'une certaine façon, celle du pouvoir.

Ceux qui parlent de l'avenir se trouvent toujours dans une position dangereuse : ils sont en général pessimistes (car on a toujours eu tendance à noircir l'avenir que l'on ne connaîtra pas, comme pour punir les autres d'exister après vous). Et ceux qui prévoient sont souvent considérés comme responsables de ce qu'ils annoncent (en tout cas, comme l'ayant souhaité). Prévoir l'avenir, c'est donc prendre le risque d'être un jour accusé de vouloir ce qu'en fait on craint et qu'on ne décrit que pour le combattre.

Ainsi, par exemple, m'a-t-on souvent accusé, avec la plus parfaite mauvaise foi, d'être favorable à l'euthanasie des gens ayant atteint l'âge de la retraite pour éviter d'avoir à la financer, alors que je montrais tout au contraire que tel était le risque, si le marché imposait ses lois, et qu'il fallait le combattre. D'autres m'ont aussi reproché d'avoir annoncé la fin inéluctable de l'euro pour décembre 2011, alors que j'avais expliqué qu'il était menacé de disparaître avant Noël de cette année-là, si la Banque centrale européenne n'intervenait pas à temps, ce qu'elle fit avec succès le 23 décembre.

Prévoir l'avenir a d'abord été l'apanage des dieux et de leurs représentants sur terre. Ceux que Victor Hugo appelle des « contemplateurs de ténèbres » tentent alors de percer les secrets de l'avenir par des prières, des transes, l'observation de signes célestes ou corporels, des jeux de hasard, de la méditation, de la musique, de la danse. Ils sont chamans, prophètes, augures ; ils sont à la fois adorés et haïs, craints et vénérés.

Peu à peu, les hommes ont tenté de s'approprier ces pouvoirs et sont parvenus à prévoir, au moyen de diverses techniques rationnelles, quelques données du futur. Ils ont peu à peu mis au point des méthodes pour apprendre à prévoir : les jeux, la littérature, la musique, l'humour.

Et puis, très récemment, tout s'est détraqué : aucune des directions que l'Histoire était censée prendre n'a tenu ses promesses ; ni celle du capitalisme, ni celle du socialisme, ni celle de la démocratie. Le monde est devenu de moins en moins prédictible. La plupart des hommes, ivres de libertés et de caprices, se contentent désormais de vivre l'instant présent, sans plus chercher à rien attendre de l'avenir. Sans plus penser à l'éternité, ni même aux années qui leur restent à vivre. Faisant tout pour oublier qu'ils sont mortels, étourdis par d'absurdes distractions, d'illusoires convoitises.

Aujourd'hui, face à la complexité des interactions, les hommes confient de plus en plus la mission de prévoir à des machines. De façon de plus en plus précise. Dans tous les domaines : la finance, la santé, la sécurité, la consommation, la production. La prévision redevient ainsi prédiction.

Ce savoir sur l'avenir n'est pas également partagé, et il restera ce qu'il est depuis l'aube des temps : un instrument majeur de pouvoir au profit de quelques-uns. D'abord, comme toujours, ceux qui, mystérieusement, sauront faire preuve d'intuition et de prescience. Puis, demain, des compagnies d'assurances et des gestionnaires de données sauront tous des risques encourus par chacun, et orienteront les comportements pour les minimiser. Chacun sera alors un collaborateur plus ou moins volontaire d'une dictature prédictive.

Pour ma part, je ne veux pas croire que la liberté des hommes sera ainsi perdue. Je ne veux pas croire que nous n'aurons plus jamais les moyens d'anticiper notre avenir et d'agir sur lui. Je ne crois pas non plus que les machines soient aujourd'hui, et seront même jamais, capables de remplacer la sophistication de la réflexion humaine. Ni que la démocratie deviendra définitivement un leurre. Je ne veux pas croire enfin que l'espèce humaine acceptera de perdre ce qui fait l'essentiel de sa grandeur : sa capacité à se projeter dans l'avenir, pour le choisir.

Je crois au contraire que les potentialités de chacun de se prévoir sont, et seront bientôt, plus grandes que jamais. Et que devancer notre avenir restera une arme, l'arme ultime, de défense et de conquête de notre liberté.

Pour y parvenir, en me servant des savoirs accumulés depuis des siècles, j'ai mis au point des techniques très particulières que j'expose ici ; elles me semblent, à l'usage, très efficaces ; pour prévoir mon avenir personnel comme celui des autres, qui d'ailleurs influe sur le mien : tant est fascinant l'extraordinaire destin des hommes, liés par leurs futurs plus encore que par leurs passés.

CHAPITRE 1

La prédiction du ciel, pouvoir des dieux

Si certaines espèces animales sont capables, mieux que les hommes, d'anticiper des dangers, de prévoir l'imminence de catastrophes naturelles ou de deviner une présence hostile, seule l'espèce humaine, semble-t-il, a développé des techniques pour éclairer le futur.

Depuis deux cent mille ans au moins, l'homo sapiens s'est essayé à comprendre ce qui l'attendait, dans les prochains jours comme dans les prochains millénaires. Les premiers d'entre eux ont dû penser qu'ils étaient ballottés par des forces surnaturelles, qu'ils n'étaient libres en rien et que leur avenir n'était pas connaissable. Rien : ni la maladie, ni la douleur, ni la mort, ni l'au-delà, ni la pluie, ni le froid, ni le résultat de la chasse, ni même la venue au monde de leurs enfants, dont ils ont mis longtemps à comprendre le lien avec la sexualité.

Dans certaines de ces premières sociétés, le destin individuel, ou celui de l'humanité, part de la naissance pour aller, irréversiblement, vers le néant. Dans d'autres, il va vers une forme de vie éternelle. Pour d'autres encore, il est circulaire et fluide, passant d'une vie à une autre, d'un univers à un autre.

Pour certains peuples, il est possible de connaître son avenir personnel ou celui de son entourage, parce qu'il est inscrit de façon définitive, dans la nature, dans le corps comme dans les astres ; la nature et le corps étant à l'image du cosmos. D'autres ont cru que leur avenir terrestre dépendait de puissances invisibles, qu'ils nommaient parfois des dieux ; et que ceux-ci leur accordaient ou leur refusaient la vie éternelle, d'une façon arbitraire ou selon un critère moral. Ils ont alors essayé de faire parler ces puissances surnaturelles, pour prédire leur avenir et pour, si nécessaire, les supplier de le modifier : la prière est alors la seule façon, pour les premiers hommes, de tenter d'influer sur leur destin.

Ces premiers hommes ont mis au point mille techniques pour deviner quand viendraient la pluie, le vent, l'ennemi, la maladie, la naissance et la mort ; pour savoir quand il faut agir et quand il faut s'en abstenir. Beaucoup de ces techniques sont encore utilisées par des milliards de gens. Certaines sont à la portée de chacun ; d'autres supposent l'intercession de spécialistes – chamans, devins, prophètes, voyants – supposés capables de communiquer directement avec les dieux ou les astres pour leur soutirer des informations sur l'avenir ; ils interprètent des signes, tels les rêves, les lignes de la main, la position des planètes dans le ciel à l'instant de la naissance ;

ou encore les résultats de jeux de hasard, tels les dés ou les cartes. Et tant d'autres techniques.

Se construisent ainsi des descriptions du destin de chaque homme, de chaque femme, de chaque enfant, de chaque village, de chaque peuple, de l'humanité, de l'univers même.

Pas question encore d'un « devenir soi » volontaire. Juste un « prédire soi », résigné ou rebelle ; priant les dieux ou se révoltant contre eux.

Raconter l'avenir d'un peuple

La plupart de ces premières civilisations racontent d'abord leur propre histoire et les promesses de leur avenir. Ces récits décrivent le plus souvent la traversée, passée et future, de plusieurs mondes, séparés par des catastrophes, des déluges ou des incendies, allant vers le meilleur ou le pire, selon un cycle ou de façon irréversible.

Pour les hindouistes, tout a commencé par un âge d'or (*Satya*), pendant lequel les humains étaient heureux et vertueux. Puis est venu l'âge d'argent (*Tretā*) où ils ont commencé à se battre, même s'ils étaient encore vertueux ; puis on est passé à l'âge de bronze (*Dvapara*) pendant lequel les guerres se sont amplifiées et la vertu a régressé ; ensuite a débuté l'âge de fer (*Kali*), dans lequel nous vivons actuellement, où les hommes sont devenus foncièrement mauvais, pendant lequel le pire arrivera et où tout retournera au néant. Chaque âge est d'une durée décroissante. Sur les ruines de l'âge de fer adviendra un nouvel âge d'or, et un nouveau cycle débutera. L'âge de fer dans lequel nous vivons actuellement aurait commencé vers 3100 avant notre ère et s'achèvera bientôt.

Chez les bouddhistes, comme chez les hindouistes, les univers naissent, meurent et ressuscitent, selon un cycle, composé, là encore, de quatre périodes. Pendant la première période (*Vivartakalpa*), l'univers est fondé à partir du peu qui a survécu à sa précédente destruction ; y naissent les premiers hommes, êtres de lumière, qui perdent peu à peu leur apparence céleste, se différencient sexuellement et jouissent de tous les plaisirs terrestres ; pendant la deuxième période (*Vivartasthāyikalpa*), où nous sommes, les hommes deviennent mauvais, se font la guerre et voient leur espérance de vie diminuer ; puis viendra une troisième phase (*Saṃvartakalpa*), dans laquelle les naissances cesseront et un feu géant détruira l'univers entier ; laissant place à une quatrième période (*Saṃvartasthāyikalpa*), faite de néant ; jusqu'à ce que le cycle recommence.

Chez les Égyptiens, l'humanité est aussi née de rien et y retournera. Dans le mythe héliopolitain, un des plus importants de l'Égypte ancienne, le dieu Atoum se modèle lui-même à partir du Noun (l'océan primordial) et donne naissance aux autres divinités égyptiennes. Quand il constate que ses créatures se querellent, Atoum pleure et de ses larmes naissent les hommes, au départ immortels. Ni bons ni mauvais à l'origine, ils deviennent perfides et se rebellent contre les dieux. Atoum, en colère, décide alors de les détruire. Selon le Livre des Morts, Atoum dit : « Je détruirai tout ce que j'ai créé ; ce pays reviendra à l'état de Noun, à l'état de flot, comme son premier état. » Dans un autre récit, Râ, le dieu solaire, excédé par le comportement des hommes, envoie la déesse Sekhmet les détruire ; puis il change d'avis et intime de l'enivrer pour l'empêcher d'exécuter son ordre. La déesse n'a plus alors que la force de rendre les hommes mortels.

Chez les Anasazis (peuple d'Amérique du Nord, venu de Sibérie, qui inspirera la plupart des cosmogonies ultérieures du continent), l'humanité a aussi traversé plusieurs mondes successifs, de façon irréversible ; à chaque fois, comme dans les autres cosmogonies, les habitants, originellement heureux, ont dévié vers le péché ; ce qui a conduit les dieux à les laisser périr (sauf les quelques humains qui n'étaient pas encore devenus mauvais, qu'ils ont emmenés avec eux dans le monde suivant). Le premier monde (*Tokpela*) a été détruit par le feu, le deuxième (*Tokpa*) par la glace et le troisième (*Kuskurza*) par un déluge. Nous en sommes au quatrième, le dernier. On retrouve des cosmogonies équivalentes chez les Hopis, les Mayas, les Incas et bien d'autres peuples de ce continent.

Chez les Grecs, l'histoire de l'humanité, telle que la raconte Hésiode dans *Les Travaux et les Jours*, a traversé jusqu'ici cinq âges, en allant vers le pire d'une façon irréversible. Au premier âge, sous le règne de Cronos, les hommes de la race d'or ne connaissaient ni chagrin, ni douleur, ni besoin ; ils mouraient sans souffrance, comme s'ils s'endormaient. « [Ils] vivaient comme des dieux, dit Hésiode, exempts d'inquiétudes et de fatigues ; la cruelle vieillesse ne les affligeait point ; ils se réjouissaient au milieu des festins, [...] la terre féconde produisait d'elle-même d'abondants trésors. » Quand Zeus prit le pouvoir contre son père Cronos, les hommes de la race d'argent succédèrent aux hommes d'or. Par démesure (*hubris*), ils s'infligèrent mutuellement d'innombrables souffrances. Dans cet âge, Prométhée fit don du feu aux mortels, qui se détournèrent progressivement des cultes à rendre, déplaisant ainsi à Zeus et aux autres dieux de l'Olympe : « Ils refusaient d'offrir un culte aux immortels ou de sacrifier aux saints autels des bienheureux, selon la loi des hommes qui se sont donné des demeures ». Puis vint l'âge d'airain, où les hommes s'entretuèrent (« leur force était indomptable, leurs bras invincibles ») ; le quatrième âge fut celui des héros qui, quoique justes et braves, périrent presque tous dans des guerres fratricides, comme celle de Troie. Dans cet âge, les hommes interagissaient encore directement avec les dieux ; certains héros ne disparaîtront jamais et maintiendront pour eux l'âge d'or initial, en résidant sur l'île des Bienheureux dirigée par Cronos. Les autres hommes disparaîtront. Enfin est venu l'âge du fer, au sein duquel Hésiode se plaint d'avoir à vivre ; il est voué au dur labeur et aux angoisses : dans cet âge, « on ne respecte ni la foi des serments, ni la justice, ni la vertu » ; au moins y reste-t-il encore quelques motifs de consolation, qui disparaîtront tout à fait lorsque Zeus y aura mis un terme et que l'humanité, abandonnée des dieux, aura oublié ses valeurs et ne respectera plus que la loi du plus fort.

Dans la tradition juive, l'évolution est aussi irréversible : depuis la naissance quasi simultanée de l'univers, de la vie, et de l'homme, à travers une histoire faite de bonheurs et de déluges, de fautes et de repentir, de grandes joies et de grands malheurs, jusqu'aux temps messianiques. Ceux-ci commenceront avec le septième millénaire du calendrier hébraïque et seront précédés de plusieurs étapes constituant la « suite des temps » (*a'harit hayamim*). Selon le Sanhédrin, 97a, celle-ci débutera par une période d'intenses souffrances (les *Hevlei Hamashia'h*), des conditions climatiques difficiles, la faim, la guerre ; les hommes abandonneront certaines valeurs fondamentales ; « les jeunes hommes insulteront les plus âgés », « les filles se révolteront contre leurs mères », « un fils ne sera plus intimidé en la présence de son père ». À ce moment-là, selon le Sotch 49b, « les gouvernements sombreront dans l'hérésie » ; « la sagesse et le goût de la vérité reflueront » ; « la crainte des péchés sera méprisée, et la vérité fera défaut ». Alors viendra le Messie, sous une forme inconnue, pas nécessairement humaine ; il « jugera les pauvres avec équité », et « du souffle de ses lèvres il fera mourir le méchant » ; les morts renaîtront et arrivera le jour du Jugement devant l'Éternel, « un jour cruel, jour de colère et d'ardente fureur, qui réduira la terre en solitude, et en exterminera les pécheurs » ainsi que le décrit un texte attribué à celui qu'on nomme le prophète Isaïe. Viendra ensuite le monde « nouveau », le *Olam haba*, où Dieu sera présent partout et où les concepts de passé, de présent, de futur perdront leur sens.

Décrypter la totalité de l'avenir de chacun

Les premiers hommes ont mis au point mille techniques pour décrypter leur avenir individuel. Les premières sociétés l'ont sans doute fait à partir de leurs relations avec la nature : plus elles sont harmonieuses, plus le destin de chacun sera propice, c'est donc vers elle qu'il faut se tourner pour le connaître. Ainsi, au Bhoutan, pour prédire ce que réserve l'année nouvelle, on plante des graines devant chez soi, quelques jours avant la fin de l'année, et on étudie l'état des pousses au premier jour de l'année. Si elles sont chétives, l'année sera difficile. Si elles sont vigoureuses, elle s'annonce heureuse. En Casamance, pour savoir où et quand aller chasser, on interprète les traces laissées dans un bol d'eau par les feuilles d'un arbre particulier.

Les hommes ont ensuite développé des techniques bien plus spécifiques, liées notamment à la morphologie de l'individu ou à l'observation des astres. On les retrouve à travers la planète entière.

La chiromancie

La chiromancie soutient que l'avenir de chaque homme est entièrement écrit dans la paume de ses mains. La main gauche représenterait le potentiel de chacun, la droite ce qui en serait fait. Ces pratiques, très anciennes, se retrouvent dans de nombreuses cultures. Sur les parois de certaines grottes en Europe, on observe des représentations de mains qui pourraient y renvoyer. En général, des mains négatives – le contour – et quelques mains positives – l'empreinte. On en compte 200 dans la grotte de Gargas, en Hautes-Pyrénées ; 80 dans celle du Castillo au nord de l'Espagne, dont une daterait de près de quarante mille ans (et serait donc l'œuvre de l'homme de Néandertal) ; on en recense aussi dans la grotte Cosquer, près de Marseille, qui dateraient de près de vingt mille ans.

Plus de quinze siècles avant notre ère, les Veda, anciens écrits indiens, mentionnent aussi la chiromancie comme une des techniques divinatoires ; on l'évoque encore au Tibet, en Chine, en Égypte et en Perse. La Bible ne la mentionne explicitement que dans le Livre de Job, qui n'est pas un Hébreu, ce qui pourrait indiquer qu'elle n'en admet pas la pratique : « Dieu mit des signes dans la main de tous, pour que chacun pût connaître ses œuvres » (Job, 37, 7). Le

Talmud l'interdit – comme d'ailleurs, on le verra, il interdit toutes les autres techniques de prédiction de l'avenir, parce qu'elles nieraient l'existence même de la liberté. On la retrouve ensuite chez les Grecs ; Platon semble en admettre les principes ; Aristote écrit : « Les lignes ne sont pas écrites vainement dans la main des hommes ; elles proviennent de l'influence du ciel sur leur destinée. » Galien et Ptolémée la mentionnent ensuite. À Rome, l'empereur Auguste y recourt avant chaque décision importante.

La chiromancie persiste dans le monde arabe, reprenant Aristote. Au IXe siècle, Abū Bakr al-Rāzī en fait la synthèse dans *Connaissance des lignes de la main*. Pour Avicenne et Averroès, elle est une forme de médecine. D'autres auteurs arabes inspirent ensuite les premiers écrits en Europe sur la chiromancie. En 1159, Jean de Salisbury la mentionne dans son *Policraticus*, un ouvrage de philosophie morale et politique qui traite de la relation qu'entretiennent les rois avec leurs sujets ; selon lui, Thomas Becket aurait consulté un chiromancien pour préparer son expédition contre les habitants du nord du pays de Galles.

Le premier livre européen consacré à la signification des lignes de la main pourrait être celui de Johan Hortlich, imprimé dès 1475. Au XVIe siècle, chiromancie et physiognomonie (prévision par la forme de visage) sont associées par Bartolomeo Coclès en 1504, dans *Le Compendion et brief enseignement de physiognomie et chiromancie* ; en 1522 par Jean d'Indagine dans *La Chiromancie et physiognomonie par le regard des membres de l'homme* ; et, en 1619, par Jean Belot dans *L'Instruction familière et très facile pour apprendre les sciences de chiromancie et physiognomie*.

Plusieurs rois l'interdisent, tel Henry VIII d'Angleterre, accusant ceux qui la pratiquent de duper les gens et les punissant par des peines sévères, voire par la peine capitale. Son décret est abrogé par George III deux siècles plus tard. Cette pratique divinatoire est très combattue par les Lumières. En 1791, dans son livre *La Science de la main*, un capitaine, Casimir Stanislas d'Arpentigny, relie astrologie et chiromancie, expliquant que les planètes sont associées à des zones distinctes de la main : le Soleil à la base de l'annulaire, Jupiter à celle de l'index, Vénus à celle du pouce.

À la fin du XIXe siècle, la chiromancie est de nouveau particulièrement prise au sérieux dans les milieux mondains de l'Europe : une certaine madame Fraya aurait lu dans les lignes de la main du prince russe Félix Youssoupoff et prédit qu'il « assassinerait quelqu'un de ses mains », ce qu'il fit en 1916, en tuant Raspoutine. Alexandre Dumas fils prend comme modèle dans un de ses romans une chiromancienne du nom d'Anne Victoire Savigny, célèbre pour avoir prévu la mort violente du général Boulanger et celle de l'écrivain français Catulle Mendès. Elle publie chaque année un almanach mêlant l'astrologie et l'analyse des lignes de la main de grands de ce monde. Elle annonce le déclenchement de la Première Guerre mondiale et estime que le Royaume-Uni peut s'attendre à un futur glorieux, à l'inverse de la Russie qui paiera chèrement, dit-elle, sa participation à la guerre. Le *New York Times* publie ses prédictions pour l'année 1915 ; elle y annonce que les États-Unis souffriront d'une crise financière et d'un tremblement de terre, qui eut effectivement lieu le 3 octobre de cette année-là, dans l'État du Nevada. En 1938, le livre d'un certain docteur Josef Ranald *Comment connaître les gens à travers leurs mains* rencontre un énorme succès. Il étudie les empreintes des mains de Roosevelt, de Hitler et de Mussolini et écrit sur le second : « Sa ligne de vie est courte et sa forme démontre la frustration, l'amertume et la cruauté » et « sa ligne de destinée part d'un début tragique jusqu'à sa fin violente ». Aujourd'hui encore, la chiromancie est pratiquée par des millions de gens à travers le monde.

L'astrologie

L'astrologie est tout aussi ancienne : utilisant le lien difficilement réfutable entre la position des astres, certains phénomènes terrestres (marées…) et certains comportements humains, l'astrologie explique que l'avenir de chacun est écrit dans les astres et peut être connu en entier dès la naissance, par l'interprétation de la seule localisation des planètes à ce moment précis. Et, pour écarter l'objection du destin différent de deux personnes nées au même moment, la croyance en l'influence des astres est souvent associée en la croyance en la réincarnation, ce qui expliquerait pourquoi des jumeaux, partageant pratiquement le même ciel astral, n'ont pas nécessairement le même destin.

Trois conceptions de l'influence des astres sur le comportement des hommes se sont alors confrontées : l'astrologie chaldéenne, l'astrologie indienne et l'astrologie chinoise.

Selon l'astrologie chaldéenne (astrologie de l'espace), la trajectoire du Soleil vue de la Terre parcourt en un an une bande, dite zodiacale, divisée en douze parties égales, prenant un nom en rapport avec la constellation d'étoiles que le Soleil traverse à ce moment. La position des planètes dans cette bande, au moment de la naissance, détermine le destin de chacun. Trois millénaires avant notre ère, en Mésopotamie, des prêtres relèvent déjà, dans ce but, les mouvements des astres sur des tablettes en argile ; les premières tablettes connues présentant une classification en douze signes datent de 522 avant notre ère ; les premiers thèmes astraux faisant référence à douze signes datent de 419 avant notre ère. Les premiers horoscopes retrouvés à Babylone datent de 410 avant notre ère. Sous l'effet de la précession des équinoxes, les mois du zodiaque ne coïncident plus aujourd'hui avec les constellations traversées lorsque leur nom a été fixé ; aussi un zodiaque dit « sidéral » prend en compte la position réelle des constellations ;

le zodiaque dit « tropical », utilisé par l'astrologie occidentale contemporaine, conserve la classification originale.

Dans la tradition hindouiste, les planètes, considérées comme des divinités, influencent aussi le karma de chacun, qui détermine sa prochaine vie (et non la vie présente). Le zodiaque indien est séparé en douze signes nommés *rāśhi*, subdivisés en vingt-sept *nakshatra* et neuf *grahā* (les planètes). L'astrologie fait encore de nos jours partie de la culture dominante indienne : selon un jugement rendu par la Haute Cour de Bombay en 2011, l'astrologie est considérée comme une science ; elle est enseignée dans les universités et certains de ses projets de recherche sont financés par l'État. En particulier, des recherches menées au sein de la Banaras Hindu University, à Varanasi, cherchent à mesurer la valeur thérapeutique de « médicaments astrologiques », tels les mantras ou les pierres précieuses.

Selon l'astrologie chinoise (astrologie du temps), deux planètes, Jupiter et Saturne, gouvernent les autres et déterminent le destin des hommes. Elles sont alignées tous les soixante ans. Ce cycle de soixante ans est décomposé en six cycles de dix unités et cinq cycles de douze unités ; chacune des unités du cycle de dix constitue un « tronc céleste » ; chacune des unités du cycle de douze constitue un « rameau terrestre ». Au IIe siècle de notre ère, les rameaux prennent le nom des douze animaux ayant répondu à l'appel de Bouddha lorsque celui-ci allait quitter la Terre pour rejoindre le nirvana. On distingue par ailleurs deux « forces » (le yin et le yang) et cinq « éléments » (bois, feu, terre, métal et eau). Chaque tronc céleste est associé à une force et un élément ; par exemple, le premier tronc est le « Yang Bois ». Chacune des soixante unités de temps est donc caractérisée par un animal, une force et un élément. Ce système en base 60 est appliqué à chaque échelle de temps (années, mois, jours et heures), en attribuant à chacun quatre jeux de branches et de rameaux, auxquels est associée une part de la personnalité : celui de l'année correspond à l'attitude générale, celui du mois à l'émotionnel, celui du jour à l'attitude rationnelle et celui de l'heure au soi profond.

L'astrologie tibétaine est un mélange de la chinoise (arrivée au Tibet au VIIe siècle sous le règne de Songtsen Gampo) et de l'indienne (venue au XIe siècle). En 1696, le cinquième dalaï-lama fonde le Chagpori Institute, lieu d'enseignement de l'astrologie et de la médecine, alors indiscernables. Aujourd'hui, il existe de très nombreux instituts tibétains de médecine et d'astrologie tel celui du dalaï-lama réinstallé en Inde, à Dharamsala, en 1961. Au Bhoutan, où domine l'astrologie tibétaine, on se fonde sur une combinaison entre un animal zodiacal (douze au total, symbolisant les douze années du cycle de Jupiter) et un élément (eau, feu, bois, terre et fer). Chaque année se voit attribuer le nom d'un animal et un élément. De là, on déduit le résultat d'interactions entre des personnes nées sous des combinaisons diverses : comme l'eau éteint le feu, un mariage entre deux personnes respectivement feu et eau ne peut réussir. L'astrologie y est une science d'érudit : dans le temple Pangri Zampa, résidence du fondateur du Bhoutan, Ngawang Namgyal, plus de cent moines l'étudient ; il existe même une École nationale d'astrologie. Chaque Bhoutanais a son astrologue attitré, qu'il consulte avant chaque prise de décision, et certains des couvents les plus reculés ont même créé récemment des applications (comme Druk Zakar), disponibles sur AppleStore, pour diffuser leurs prévisions astrologiques.

On retrouve l'astrologie en Grèce antique, où elle est très pratiquée : pour Platon, les astres sont des êtres « vivants divins et éternels », des « dieux visibles » (*Timée*, 39e-40d). Aristote, dont toute la philosophie s'organise autour des rapports des hommes et du cosmos, y consacre de nombreux textes, mêlant astrologie, astronomie et médecine. Pour Hippocrate, l'astrologie est à la source de la médecine.

La première synthèse connue de l'astrologie occidentale, le *Tetrabiblos*, écrite par Ptolémée, successeur de Hipparque, en 140 à Alexandrie, ne fait plus référence aux dieux grecs pour tenter de lui donner une réalité objective et de préserver un espace de liberté : « Les astres inclinent, mais ils n'obligent pas. »

LA PRÉDICTION DU CIEL, POUVOIR DES DIEUX

Dès sa création, l'Église chrétienne s'y oppose, non pour prôner la liberté individuelle (comme le judaïsme, qui s'oppose à toutes les techniques de prédiction d'un avenir présenté comme inéluctable), mais pour garder le monopole de l'interprétation des signes du destin. Le concile de Laodicée, tenu en 364, interdit aux membres du clergé de pratiquer l'astrologie. Au siècle suivant, le concile de Tolède frappe d'anathème « qui croit devoir ajouter foi à l'astrologie ou à la divination ».

L'islam reprend l'idée d'un avenir totalement déterminé à l'avance, mais inconnu des hommes, qui ne peuvent, par leur action, que le révéler. Vers 850, à Bagdad, un traducteur d'Aristote, Al-Kindī, ne distingue pas astronomie et astrologie. Son disciple, Albumasar, encore à Bagdad, propage ses idées dans un livre qui, traduit en latin sous le titre de *Liber magnarum coniunctionum*, réintroduit l'astrologie dans l'Europe musulmane. Au XIIIe siècle, dans le zodiaque arabo-musulman, on retrouve les douze signes et les sept planètes.

Bien qu'interdite par l'Église, l'astrologie est alors étudiée en cachette par des érudits, tel Albert le Grand. En revanche, Maïmonide, qui règne au XIIe siècle sur l'interprétation des textes pour toute la diaspora juive, confirme l'interdit talmudique et le fait savoir à toutes les communautés qui l'interrogent, en particulier dans une *Lettre aux juifs de Provence*, puis dans une *Épître aux juifs du Yémen*.

En Europe, les rois y ont recours et nomment même des « astrologues royaux ». En France, Charles V fonde un collège d'astrologie ; Louis XI l'utilise également. Catherine de Médicis, nièce du pape devenue reine de France, fait venir à la cour un célèbre astrologue provençal, Michel de Nostradamus, pour établir l'horoscope de ses trois fils. En 1555, il publie un recueil de 353 quatrains dits « prophétiques », mêlant français, grec, latin et provençal. Il devient célèbre quand on découvre qu'il avait implicitement prévu, au trente-cinquième de ses quatrains, la mort du roi, époux de Catherine, Henri II, quatre ans plus tard, lors d'un tournoi de chevalerie : « Le jeune lion vaincra le vieux / Dans la lice martiale en duel singulier / Il lui crèvera les yeux, la tête protégée par un heaume en or / Après deux combats, une dernière joute, puis il mourra d'une mort cruelle. » Les deux combattants avaient revêtu l'insigne du lion ; le roi, qui portait un casque en or, eut l'œil transpercé par la lance et mourut après dix jours d'agonie.

Même si la découverte de l'héliocentrisme conduit à attacher moins d'importance au rôle des planètes et à distinguer plus nettement astrologie et astronomie, Galilée considère encore que le mouvement des planètes influe sur la personnalité de chacun. Kepler la défend toujours en 1610 : « J'ai souvent exprimé combien il était mal avisé de rejeter une chose complètement à cause de ses imperfections ; par ce procédé, même la science médicale n'aurait été épargnée [...]. Un nombre modeste de prédictions d'événements (de nature générale) effectuées au moyen de la prédiction des mouvements célestes sont bien fondées dans notre expérience. » En France, l'astrologie est encore tellement présente au XVIIe siècle que Louis XIII, dit le « Juste », sous prétexte qu'il est né sous le signe de la Balance, compte, parmi ses conseillers, un « astrologue royal ».

Colbert, sous la pression des jésuites, en interdit l'enseignement en 1666 et supprime le poste d'astrologue royal, un siècle avant que l'astrologie soit interdite en Angleterre.

Elle est alors jetée dans la même opprobre que toutes les autres formes de voyance, pourchassées par l'Église. En 1682, une ordonnance de Louis XIV stipule que « toute personne se mêlant de deviner et se disant devins ou devineresses videront incessamment le royaume ». Cette ordonnance, sans cesse répétée, prouve, comme en beaucoup d'autres domaines, que l'interdit n'est pas appliqué et que la voyance ne cesse pas. En 1710, Isaac Newton voit encore un lien entre les astres et le cours du destin des hommes. En 1767, Voltaire, reprenant Kepler, écrit dans son *Traité sur la tolérance* : « La superstition est à la religion ce que l'astrologie est à l'astronomie, la fille très folle d'une mère très sage. »

Elle est ensuite dénoncée par les Lumières comme un exemple de l'obscurantisme des temps anciens. La Révolution est plus sévère encore avec toutes les formes de divination. En 1810, le Code pénal impose une amende pour « les gens qui font métier de deviner et pronostiquer, ou d'expliquer les songes » (article R. 34-7°). Elle est peu pratiquée, semble-t-il, au XIXe siècle.

Au XXe siècle, on cherche encore les preuves, cette fois statistiques, de sa validité. En 1955, un certain Michel Gauquelin, diplômé en psychologie de la Sorbonne, prétend avoir démontré qu'il existerait une corrélation entre la position de Mars à la naissance et l'exercice d'une profession. Il constate, prétend-il, des correspondances entre la position de Mars et les destins de sportifs ; de Jupiter et les vies d'acteurs, ou encore de Saturne et les carrières de scientifiques ; son protocole expérimental, testé sur de nouveaux échantillons, est finalement discrédité.

Il n'empêche : un sondage Gallup de 2005 montre qu'un quart des Américains, des Britanniques et des Canadiens croient encore en l'astrologie ou, au moins, en l'idée que la position des planètes et des étoiles affecte la vie personnelle de chaque être humain.

Dévoiler des pans de l'avenir individuel

À côté de ces techniques à ambition globale, d'autres cherchent à prédire seulement une partie de l'avenir, à en dévoiler des pans. Pour y parvenir, elles tentent d'interpréter des paroles qu'on pense inspirées du divin, exprimées entre autres par les rêves, ou par le hasard.

Par des paroles inspirées par le divin

Quand les hommes cherchent à obtenir une réponse à une question précise sur leur avenir, sans pour autant espérer tout savoir des années qu'il leur reste à vivre ou de ce qui les attend dans l'au-delà, ils se fondent, depuis très longtemps, sur l'interprétation de paroles qu'ils pensent inspirées par le divin ; en général exprimées par des personnes spécifiques, devins ou sorcières, sous l'effet de techniques de dépassement de soi, telles la musique, la danse ou une drogue.

Dans le bouddhisme, l'acquisition d'un des « supersavoirs », appelés « siddhi ordinaires », donne à celui qui y parvient la faculté de connaître des éléments du présent, du passé et de l'avenir. Ces super-savoirs ne doivent cependant pas être recherchés en eux-mêmes, car ils distrairaient de l'ambition ultime, qui doit être le détachement, et conduiraient à les utiliser à des fins égoïstes. Aussi, lorsque le pratiquant est assez avancé pour acquérir ces super-savoirs, il doit les considérer avec la même indifférence que la fumée d'un feu. En revanche, s'il est mû par une motivation sincèrement altruiste et souhaite développer ces qualités divinatoires pour aider les autres, il peut y parvenir en pratiquant des visualisations et des récitations liées à Mañjuśrī (le Bouddha de la connaissance). Ces super-savoirs culminent alors dans le « Siddhi suprême » ou « Éveil », réalisation de tous les degrés de l'accomplissement spirituel, qui permet, au rare privilégié qui y accède, de voir la réalité intertemporelle sans aucun voile.

Dans le monde juif, quelques hommes ou femmes, des nabis (mot qu'on traduira improprement en grec par « prophète », et qui veut dire, en fait, « vide », car il faut faire le vide pour prévoir) ont reçu de Dieu des messages leur donnant des signes de l'avènement futur de l'ère messianique (dans laquelle le temps lui-même disparaîtra) ; ils n'annoncent donc pas l'avenir, qui appartient largement aux hommes, mais la fin de l'histoire. Dans quelques cas très rares, il arrive qu'un prophète prévoie explicitement l'avenir terrestre : c'est le cas de Jérémie, quand il prévient le peuple juif qu'un grand malheur va survenir. Il l'annonce pour qu'un sursaut aide à l'éviter. Selon Jérémie, qui vit au VIIe siècle avant notre ère, si le royaume de Judas s'allie à l'Égypte contre Babylone, il sera détruit et ne renaîtra pas avant que les Babyloniens ne soient battus à leur tour, soixante-dix ans plus tard. Il recommande donc au roi de Judée, Josias, de se soumettre à Babylone. Il souhaite, en prédisant, créer les conditions pour que sa prédiction soit démentie par les faits. En vain : Josias s'allie à l'Égypte, déclenche une guerre contre Babylone puis est tué, Israël est vaincu et Jérémie est emprisonné. Nabuchodonosor, le roi de Babylone, exile alors une partie du peuple juif, dont celui qui deviendra le prophète Ezéchiel. Cinq ans après son arrivée à Babylone, Ezéchiel prédit, à partir de deux rêves qu'il pense inspirés de Dieu, la destruction prochaine du temple de Jérusalem ; celle-ci a bien lieu cinq ans plus tard. Puis un ange lui prédit le retour du peuple hébreu en terre d'Israël et la construction d'un nouveau temple, dont l'ange lui donne même les dimensions exactes. Il prédit aussi qu'un roi terrible, Gog, tentera ensuite de détruire Jérusalem, mais que Dieu l'en empêchera et prouvera au monde qu'il est le vrai Dieu. Soixante-dix ans plus tard, les Babyloniens sont en effet vaincus et le peuple hébreu revient en Israël. Le temple est aussi reconstruit, mais, contrairement à la prophétie d'Ezéchiel, il est détruit à nouveau six siècles plus tard.

Dans le monde grec, du VIIIe au Ve siècle, la Pythie, prêtresse de l'oracle de Delphes, est l'intercesseur principal des dieux. C'est une femme ignorante, choisie par les prêtres pour prédire le futur. Toute personne, en général puissante, voulant connaître quelque chose de son avenir, doit s'adresser à elle, placée sur un trépied au-dessus d'un gouffre d'où émanent des vapeurs de soufre. Il doit lui poser une question à voix haute, préalablement réduite par les prêtres à une simple alternative. La Pythie articule alors une réponse que les prêtres interprètent et transmettent au demandeur. Ainsi, c'est sur les conseils de la Pythie que Lycurgue, roi de Sparte, aurait rédigé la Grande Rhêtra, la Constitution spartiate. Hérodote raconte aussi dans *Polymnie*, que, en 480 avant notre ère, à la veille de la bataille des Thermopyles, contre les Perses de Xerxès Ier, la Pythie aurait prédit que le résultat en serait soit la destruction de Sparte, soit la mort de son roi (« Citoyens de la spacieuse Sparte, ou votre ville célèbre sera détruite par les descendants de Persée, ou le pays de Lacédémone pleurera la mort d'un roi issu du sang de Hercule »). Léonidas Ier y mourut le 11 août 480. Et la ville fut sauvée.

Cassandre, fille de Priam, roi de Troie, reçut d'Apollon le même don de prophétie, mais perdit toute capacité de persuasion, parce qu'elle s'était refusée au dieu. Prévoyant qu'adviendrait un événement néfaste pour sa ville, Cassandre déconseilla à son frère Pâris de se rendre en Grèce. Il ne la crut pas, partit quand même, séduisit et enleva Hélène, la femme de Ménélas, roi de Sparte, déclenchant la guerre et le siège de Troie, en Asie mineure. Plus tard, découvrant un cheval géant laissé par les Grecs sur la plage après leur départ, Cassandre mit une fois de plus les Troyens en garde contre une ruse de leurs assiégeants. Ils ne l'écoutèrent pas non plus et firent entrer le cheval dans la ville, précipitant leur chute. Après la défaite, Cassandre est épargnée par le chef des Grecs, Agamemnon, qui la ramène à Mycènes en Grèce. Il refuse, lui aussi, d'écouter ses prémonitions et meurt, assassiné par sa femme Clytemnestre et son amant Égisthe, lesquels tuent aussi Cassandre.

Dans la plupart de ces cas, la prédiction de l'oracle grec, même connue, ne peut être détournée. Ainsi, Laïos, roi de Thèbes sans héritier, est averti par le devin Tirésias que, si un fils lui naissait, celui-ci le tuerait et épouserait sa propre mère, Jocaste. Malgré toutes les précautions prises, Jocaste et Laïos ont un fils, Œdipe, qu'ils abandonnent dans une forêt ; l'enfant est sauvé et adopté par le roi de Corinthe. Apprenant de l'oracle de Delphes que son destin est de tuer son père et d'épouser sa mère, convaincu que le roi de Corinthe est son véritable père, Œdipe s'enfuit pour déjouer la prophétie. Sur sa route, il tue un vieil homme, qui se trouve être son vrai père, Laïos, roi de Thèbes. Parvenu à Thèbes, Œdipe réussit à défaire un monstre qui terrorise la ville, le Sphinx, en répondant à son énigme. En récompense, il épouse la reine, laissée veuve, Jocaste, sans savoir qu'elle est sa mère. Le découvrant, il se crève les yeux tandis que Jocaste, sa mère et épouse, se pend.

Les Romains croient également que les oracles parlent au nom des dieux ; et que des voix, ou des signes, prédisent des éléments de l'avenir individuel : Cicéron explique dans *De la divination* : « Les dieux nous communiquent l'avenir. Et nous donnent quelques moyens pour fonder une science pour le comprendre (sinon cette communication serait inutile). Il y a donc une science de la divination. »

Par les rêves

Certains de ces messages divins annonçant l'avenir sont aussi transmis, pense-t-on partout et depuis très longtemps, par les rêves. Et on peut obtenir des réponses soit en se posant une question à soi-même avant de s'endormir, soit simplement en interprétant les rêves comme ils viennent. Dans l'Égypte ancienne, en particulier, on pensait que les dieux avaient créé les songes pour délivrer des messages aux hommes ; et les pharaons y attachaient une extrême importance. Les Hébreux ne le reprennent dans la Bible que dans une occurrence égyptienne : Joseph, onzième fils de Jacob et premier fils de Rachel, devenu haut fonctionnaire égyptien, emprisonné pour une fausse accusation, obtient sa liberté en interprétant un rêve du pharaon. Plus tard, son propre rêve de voir ses frères et son père s'incliner devant lui se réalise.

En Chine, au IIIe siècle de notre ère, les rêves sont aussi très présents dans la réflexion sur l'avenir. Les *Mémoires du coffret de jade* de Xu Zheng sont une compilation d'interprétations des rêves. Au Tibet, les prêtres sont supposés capables d'interpréter leurs rêves réalisés dans la dernière partie de la nuit. Est considéré comme annonçant un futur heureux : voir Bouddha, se faire couronner, nager aisément dans la mer, apercevoir la levée du soleil ou de la lune. À l'inverse, être bousculé par des militaires, contempler un coucher de soleil ou de lune ou voir des choses se rompre sont de mauvais présages.

Dans la culture amérindienne, des « capteurs de rêves » emprisonnent les mauvais rêves dans une toile tissée sur un anneau, pour les empêcher de nuire au dormeur ; les rêves sont ensuite supposés être détruits par le soleil du matin. Dans la culture des Hurons-Wendat, les rêves exprimeraient des désirs insatisfaits que les chamans interprètent ; aussi, satisfaire ces désirs inconscients, vivre ses rêves, aiderait à trouver l'harmonie et à vivre un destin heureux.

Par le jeu du hasard

D'autres techniques permettent de déchiffrer l'avenir, proche ou lointain, ou de discerner les moments propices. Elles se fondent sur le hasard, supposé parler au nom du divin, et les voies d'expression du hasard sont innombrables.

Au Tibet, celui qui a une question à poser à une divinité lui adresse une prière, puis saisit dans chaque main une boule choisie au hasard dans un chapelet. Il déplace ensuite les mains l'une vers l'autre, en sautant à chaque fois trois boules. À la fin, une, deux ou trois boules(s) séparent les deux mains. Une boule signifie « faucon », deux boules « corbeau » et trois « lion des neiges ». « Faucon » signifie succès, « corbeau » échec et « lion des neiges » neutre. Pour être certain du résultat, il faut refaire trois fois cette procédure et obtenir trois fois la même réponse. Par ailleurs, lorsqu'une décision importante doit être prise dans un monastère (comme le choix de celui qui serait la réincarnation d'un lama), ou seulement lorsqu'il faut choisir le bon moment pour la prendre, les moines formulent la question, puis placent des bouts de papier contenant toutes les réponses possibles dans des boules de pâte de tailles égales ; ces boules sont disposées dans un bol, obturé ensuite par un couvercle scellé, et déposé en face d'un objet sacré, statue ou monument funéraire. Pendant trois jours, les moines récitent des prières devant le bol sans le toucher ; au quatrième jour, le couvercle est retiré et un « lama » fait rouler les boulettes dans le bol jusqu'à ce que tombe l'une d'entre elles, supposée contenir la réponse à la question posée.

Dans d'autres cas, seul un devin peut interpréter les messages du hasard : au Tibet encore, il obtient son pouvoir de divination d'une divinité, devant qui il a déjà récité des milliers de mantras. Il lance alors des dés, dont il analyse les résultats selon un livre de divination. Dans d'autres cas, le devin interprète des événements de hasard comme des présages : croiser des personnes bien habillées ou portant des symboles religieux (tels que des lotus ou des vases...), des femmes enceintes, ou des éléphants, sont des signes de bon augure. À l'inverse, apercevoir des maisons écroulées ou voir un objet s'enflammer sont de mauvais augure.

Au Bhoutan, à Bu'Li (village de la région de Kheng, étudié par Françoise Pommaret), d'autres techniques de tirage au sort ont cours, à tous les niveaux de la société : pour obtenir une réponse à une question sur l'avenir, le bon po – l'officiant – jette en l'air trois feuilles d'arbres reliées entre elles par des aiguilles de bambou. Si les feuilles, lorsqu'elles touchent le sol, tombent sur leurs faces intérieures (la face concave), c'est bon signe. Cette technique est utilisée au Bhoutan dans toutes les occurrences de la vie quotidienne.

LA PRÉDICTION DU CIEL, POUVOIR DES DIEUX

En Afrique, dans la tribu des Sabas (une communauté faisant partie des Hadja rai et vivant dans les montagnes du Centre-Tchad), le devin à qui on vient de poser une question sur l'avenir trace rapidement au hasard dans la poussière quatre lignes pointillées ; il compte ensuite, pour chacune des lignes, le caractère pair ou impair du nombre de pointillés ; à chacune des seize combinaisons possibles correspond une signification spécifique : par exemple, si le nombre de pointillés est pair pour les quatre lignes, cela annonce une grave maladie. Selon une autre procédure de prédiction, le devin trace autour de lui un cercle qu'il sépare en plusieurs « chambres », et il y jette au hasard entre trente-deux et quarante-deux pierres en trois tas ; puis il compte le caractère pair ou impair du nombre de pierres de chacun des tas ; huit combinaisons sont possibles, ayant chacune une signification différente ; le tirage est répété jusqu'à ce que toutes les « chambres » soient remplies.

Chez les Yorubas (qui vivent dans le sud-ouest du Nigeria, au Togo et au Bénin), le devin peut, sous la protection d'Orunmila, divinité de la sagesse, prédire l'avenir à court terme, ou le moment propice pour une décision, en utilisant un code interprétant deux cent cinquante-six répartitions de noix de kola jetées au hasard.

Chez les Dogons, au Mali, le devin, après avoir tracé un rectangle divisé en plusieurs cases, y inscrit des symboles et y place des bâtons ; des appâts y sont placés aléatoirement par celui qui demande la prédiction. La nuit suivante, selon les croyances, un chacal, nommé « Renard pâle », passe dans les diverses cases du rectangle et y laisse des traces de pattes que le devin interprète.

Le judaïsme voit aussi dans le hasard et dans les coïncidences une manifestation de la volonté du divin, sans pour autant y déceler une prédiction de l'avenir. Dans le Livre des Nombres, « l'Éternel parla à Moïse dans les plaines de Moab, près du Jourdain, vis-à-vis de Jéricho. Il dit : Parle aux enfants d'Israël, et dis-leur : […] Vous prendrez possession du pays, et vous vous y établirez ; car je vous ai donné le pays, pour qu'il soit votre propriété. Vous partagerez le pays par le sort, selon vos familles » (Nombres, 33, 50-54). Josué accomplira cette distribution : « Vous ferez donc délimiter le pays en sept parts et m'apporterez le plan ici, où je les tirerai pour vous au sort devant l'Éternel, notre Dieu » (Josué, 18,6). De même, selon le traité Yoma 39a, le choix du bouc à sacrifier dans le Temple de Jérusalem est laissé au hasard : le grand prêtre tire au sort dans une urne pour choisir, parmi les deux animaux qui lui sont présentés, celui qui « ira à l'Éternel » et celui qui « ira à Azazel ». Ainsi de Jonas, embarqué comme marin sur un navire (Livre de Jonas chez les juifs et les chrétiens, sourate 37 dans le Coran pour les musulmans), qu'un tirage au sort désignera comme responsable d'une tempête et enverra par-dessus bord.

LA PRÉDICTION DU CIEL, POUVOIR DES DIEUX

À Athènes, les tirages au sort sont aussi considérés comme l'expression du divin, et servent à désigner certains dirigeants. Dans *L'Iliade*, Ajax est choisi par tirage au sort parmi trois candidats pour affronter Hector pendant que le peuple scande : « Père Zeus, fais sortir le signe d'Ajax ou du fils de Tydée, ou du roi de la très riche Mycènes ! »

À Rome, Fortuna, la déesse du hasard et de la chance, est interrogée par un enfant choisissant au hasard, dans un coffre d'olivier, un des morceaux de bois sur lesquels sont inscrites des prédictions. Bien des généraux décident du moment de la bataille en fonction de celles-ci. Suétone relate que Tibère se vit ainsi prédire un avenir glorieux : « Il consulta, près de Padoue, l'oracle de Géryon, qui lui dit de jeter les dés d'or dans la fontaine d'Aponus, pour apprendre ce qu'il voulait savoir. Il le fit, et du coup il amena le nombre le plus élevé. » Comme le raconte l'historien français Auguste Bouché-Leclercq (dans son ouvrage *Histoire de la divination dans l'Antiquité*) : « Tibère avait tiré aux dés l'héritage d'Auguste et l'avait emporté sur la chance contraire. Les Héraclides avaient tiré au sort les trois villes de Messène, Sparte et Argos, avec des boules de terre durcie, et les boules des rivaux de Cresphonte s'étaient fondues dans l'eau. »

Le christianisme voit aussi dans le hasard une expression de la volonté du divin. Dans les Actes des Apôtres, le choix du remplaçant de Judas s'effectue comme suit : « Ils tirèrent au sort, et le sort tomba sur Matthias, qui fut associé aux onze apôtres » (1, 26).

Par les animaux

Dans certaines civilisations, les viscères d'un animal sacrifié sont l'expression du hasard et servent à prédire l'avenir. Au Tibet, comme en Chine, après un rituel d'invocation des divinités, une omoplate d'animal est jetée dans un feu ; les prêtres interprètent ses craquements, la forme et la couleur des craquelures : le blanc est un bon présage. Autre technique : celui qui cherche la réponse à une question sur son avenir doit placer une omoplate animale et un morceau de genévrier dans sa poche. La réponse à sa question sera donnée par les premiers mots qu'il entendra en sortant de chez lui.

Au Tibet encore, une autre technique utilise le beurre de yak, qui alimente des lampes placées dans les temples bouddhiques. Celui qui s'interroge doit penser à sa question et réciter une centaine de fois une phrase rituelle ; la couleur de la flamme répond alors à sa question : orange vif est un présage positif ; jaune annonce richesse et pouvoir ; jaune vif annonce la réussite ; rouge sombre le décès du fils aîné ou la stérilité.

En Chine, on observe ainsi le comportement des corbeaux : la direction de leur vol, la position et la date d'un croassement, le lieu de rencontre avec leurs congénères renseignent l'homme sur son avenir. Par exemple, la réunion de plusieurs corbeaux croassant et volant au-dessus d'un logement prédit la mort prochaine de l'un de ses habitants.

En Grèce, on utilise aussi des oiseaux pour évaluer les choix à faire et anticiper le destin. Le devin Tirésias, que la déesse Athéna avait rendu aveugle, avait reçu le don de prédire l'avenir grâce à sa capacité à comprendre la langue des oiseaux, ce qui lui avait, par exemple, permis d'avertir Œdipe de son destin.

L'hostilité juive à la prédiction, en particulier par les animaux, se manifeste d'ailleurs dans cette ironique métaphore, racontée dans le Talmud : un soldat juif de l'armée d'Alexandre le Grand, lassé d'attendre que l'envol d'un oiseau décide du mouvement de son régiment, abat l'oiseau d'une flèche, expliquant aux officiers scandalisés que celui-ci n'a aucune capacité à connaître l'avenir puisqu'il n'a même pas prédit qu'il allait être tué.

Les Romains ont aussi recours aux oiseaux pour prédire l'avenir : c'est parce qu'il vit plus de vautours que son frère que, selon la légende, Romulus fonda une ville qui porte son nom.

Chez les Celtes, le cheval est considéré comme investi de la volonté de Dieu. Chez les Saxons, avant de faire la guerre, on observe les positions d'un cheval sacré ; s'il montre sa patte gauche, c'est que le conflit s'annonce difficile et qu'il vaut mieux renoncer à livrer bataille.

Par les cartes et le café

D'autres techniques de prédiction liées au hasard sont aussi utilisées, tels le tarot ou le marc de café.

En 1540, la divination à l'aide de cartes à jouer apparaît pour la première fois dans le livre *Le Sorti di Francesco Marcelino da Forli* qui décrit une méthode dans laquelle les cartes servent à choisir un oracle. Des manuscrits de 1735 (*The Square of Stevens*) et 1750 (*Partes Cartomancie*) documentent une signification rudimentaire des cartes de tarots. Casanova écrit dans son Journal qu'en 1765 sa maîtresse russe use fréquemment d'un jeu de cartes pour la divination. Aujourd'hui encore, tirer les cartes est une activité répandue chez les voyantes, selon des règles qui fluctuent.

La lecture du marc de café est répandue autour de la mer Caspienne, à la cour des tsars de Russie, en Perse et dans les sultanats égyptiens et turcs. Cette pratique parvient en Europe à la fin du XVIIe siècle sous l'impulsion des conquêtes ottomanes. On boit le café lentement, en pensant à un problème précis : l'avenir se lit en étudiant le marc à l'intérieur de la tasse et le présent dans les résidus de café sur la soucoupe. À chaque forme correspond une prédiction, positive ou négative : les ronds ou cercles ont une valeur positive et les carrés une valeur négative ; si des lignes nombreuses et bien visibles se forment, l'avenir sera heureux tandis qu'un nombre trop restreint de lignes est symbole d'un avenir médiocre. Une mort douce est annoncée par la présence d'une croix ; des images d'oiseaux sont symboles de bonheur ; les reptiles de trahison.

Pourquoi y croit-on encore ?

Pourquoi croit-on encore à ces techniques, alors que jamais aucune preuve scientifique n'a confirmé leur validité ? De fait, aucune prédiction d'horoscope, aucun tirage de cartes, aucun jeu de dés n'a été étayé par une expérience scientifique ; aucune étude théorique ne valide ces méthodes ; aucune statistique n'établit leur véracité, sinon accidentelle ; et personne n'a pu jusqu'ici décrire la moindre relation causale, ni même la moindre corrélation, entre ce genre de prédiction et l'événement prévu.

Pourquoi alors des millions, sinon des milliards, de gens continuent-ils aujourd'hui de lire avidement leurs horoscopes dans les journaux, de croire aux signes du ciel, aux coïncidences, aux rêves, d'aller consulter des voyantes et même, plus récemment, de télécharger des logiciels de divination sur leur tablette ?

Parce que, d'abord, ces techniques ne seraient rien sans les dons propres de ceux qui les utilisent, qui savent faire preuve d'intuition, voire de précognition, pour interpréter ces signes et surtout pour interpréter les réactions et les attitudes de ceux qui les interrogent : un mouvement, un clignement d'œil de celui qui vient le consulter peut conduire le voyant ou le chamane à orienter sa prédiction.

Ensuite parce que quelques résultats encore épars donnent à penser que l'on est loin de tout savoir des pouvoirs de l'esprit.

De fait, les méthodes en apparence les moins rationnelles sont encore l'objet d'études et les neurosciences commencent à peine à les explorer. En particulier, certaines recherches médicales explorent les phénomènes de pressentiment, de rêve prémonitoire, de sentiment de déjà-vu et de précognition. Même si rien n'est encore établi de façon certaine, les recherches actuelles n'excluent pas l'existence de telles potentialités. Par exemple, selon les expériences du professeur Daryl J. Bem, de l'université de Cornell, certains prévoient avec plus de 53 % de réussite l'occurrence d'une photo, apparaissant totalement au hasard sur un ordinateur. Le professeur Cox, de Stanford, a établi, sur un cas précis, qu'il y avait moins de passagers dans un train le jour d'un accident que les jours précédents, comme si des voyageurs en avaient eu l'intuition à l'avance. D'autres étudient les rêves prémonitoires et les pensent comme la traduction de la réflexion, pendant le sommeil, du cerveau, qui tirerait des conclusions que l'on n'aurait pas su tirer en phase de veille, parce qu'on n'aurait pas su attacher l'importance nécessaire à des signaux faibles.

Enfin et surtout, pour la même raison que des milliards de gens, souvent les mêmes, croient en un dieu, ou en plusieurs, sans preuve matérielle : par la foi.

Pourtant, l'astrologie devrait être plus facile à démystifier que la religion : celle-ci ne prétend pas, ou plus, sauf dans le cas des miracles, influer sur le destin individuel terrestre de chaque homme, mais seulement sur leur vie dans l'au-delà, dont personne n'est revenu pour décrire la validité de la prédiction.

Car il s'agit bien ici aussi d'une foi, sans preuve, gratuite et indémontrable. Une foi profonde, sincère. Ou simplement explicable par le caractère intolérable de la solitude humaine et l'absurdité de sa condition. Parce qu'on a besoin de croire que l'avenir est connaissable, qu'on a du mal à admettre que nous sommes seuls, en tête à tête avec notre destin. Parce que certains ne veulent pas négliger la moindre chance, même infime, d'apprendre quelque chose sur ce qui les attend. Parce que personne ne veut devenir fou de solitude, ni admettre qu'il n'est qu'un absurde promeneur dans le royaume du temps.

Parce qu'enfin, et nous allons le voir maintenant, les techniques les plus rationnelles empruntent beaucoup à ces savoirs anciens.

CHAPITRE 2

La maîtrise du temps, pouvoir des hommes

Très tôt, certains hommes, certains peuples ne se sont pas contentés de chercher à décrypter des bribes d'un destin qui leur serait imposé par la nature ou par des dieux. Ils ont d'abord osé penser qu'ils pouvaient s'opposer à ce qui serait écrit. Qu'ils pouvaient demander aux dieux de modifier leurs décrets ou, plus encore, qu'ils pouvaient les défier. Les mythologies racontent les malheurs qui frappent les hommes qui osèrent cela. Certains de leurs dieux, ou leur Dieu, leur ont à l'inverse intimé l'ordre de choisir leur avenir, d'être libres.

Ils ont alors cherché à l'anticiper rationnellement. Non plus en se fiant à des signes ou des oracles, mais en réfléchissant par eux-mêmes, avec leur raison, à ce qui pouvait leur arriver ; en ne comptant que sur leurs propres forces. Non plus pour s'y résigner mais pour en mesurer les risques, comprendre éventuellement comment s'en protéger, s'y adapter ou les éviter. Ils ont alors pensé l'avenir comme un destin à construire, et non plus comme une fatalité à subir ; et ils y ont cherché des tendances, des invariants.

Ils ont alors considéré le temps tout autrement.

Échapper à la prédiction : la liberté et la grâce

La conquête du droit à prévoir, et non plus à prédire, commence au Xe siècle avant notre ère, chez les Hébreux.

Alors que, dans la plupart des cultures de cette époque (même dans la pensée grecque), les hommes pensent encore qu'ils sont déterminés par des événements qui les dépassent, et que seuls les rites les protègent du malheur, on ne trouve que le judaïsme pour remettre en cause le fatalisme : pour lui, les hommes doivent réparer, achever le monde que Dieu leur a confié. Il leur faut donc évaluer les risques du futur, pour les maîtriser et orienter le monde. Il leur faut maîtriser la nature, faire progresser la science, apprendre et transmettre les savoirs anciens et nouveaux. Sans pour autant espérer se libérer jamais des contraintes de la condition humaine, en particulier de la mort, ce que seul le Messie rendra possible.

Ailleurs, en particulier en Grèce et à Rome, le fatalisme reste très largement la règle. Seuls sans doute, hors du monde juif, les marins grecs et phéniciens prévoient l'avenir autant qu'ils le peuvent de façon rationnelle : c'est une question de survie. C'est d'ailleurs sans doute en partie sur la mer que naît la prévision : quelle route choisir ? Comment éviter la tempête ? Ailleurs, dans le monde grec et romain, le fatalisme reste la règle. Au Ier siècle de notre ère encore, Sénèque, dans ses *Lettres*, rappelle à Lucilius, gouverneur de Sicile, la « fatalité que tu subis depuis longtemps » ; car « du jour où tu es né, c'est à la mort que tu marches ». « Mais, dira-t-on, que me sert la philosophie, s'il existe une fatalité ? Que sert-elle si un Dieu régit tout ? Que sert-elle si le hasard commande ? Car changer l'immuable, je ne le puis, ni me prémunir contre l'incertain, qu'un Dieu ait devancé mon choix et décidé ce que je devrai faire, ou que la Fortune ne me laisse plus à choisir. » Et Sénèque de conclure que « [la philosophie] déterminera en nous une obéissance volontaire à Dieu, une opiniâtre résistance à la Fortune ».

Le christianisme s'inscrit également dans ce fatalisme gréco-romain, et non pas dans la filiation juive, dont il est pourtant directement issu. Il interdit toute prévision de l'avenir, car il doit se résumer à l'espérance messianique : l'avenir, comme le temps, appartient à Dieu, qui en décide seul, de façon énigmatique. Et Il accorde à chacun, selon Son caprice, la grâce qui lui ouvre les voies du paradis, sans relation avec ses mérites.

À la fin de l'Empire romain, devenu chrétien, on observe une méfiance publique grandissante à l'égard des devins. En 349, l'empereur Constance II interdit la pratique de cet art divinatoire : « Que nul haruspice ne s'approche du seuil d'un autre homme, même pour une autre raison [...]. L'haruspice qui aura approché la demeure d'autrui devra être brûlé vif. »

L'islam s'inscrit dans la même tradition : l'avenir n'appartient qu'à Dieu, et l'homme ne peut que faire ce qui est écrit. Même s'il se croit libre. Il ne peut rien décider, il ne peut, comme le dira Schopenhauer dans un tout autre contexte, « vouloir ce qu'il veut ».

Pourtant, peu à peu, au sein même du monde chrétien, et d'abord dans les classes dirigeantes, surgit le désir de maîtriser sa vie, d'être libre, responsable de son destin, ici-bas et, pour ceux qui y croient, de son devenir dans l'au-delà. En conséquence, elles ne veulent plus se voir prédire leur avenir ; elles refusent que leur vie soit, ici-bas et au-delà, soumise au seul caprice de Dieu. Elles veulent aussi prévoir. Anticiper.

Commence alors une formidable bataille à l'intérieur du christianisme : qui est le maître du temps ? Jusqu'où les hommes peuvent-ils influer sur leur avenir, sur leur sort après la mort ? Le salut des hommes ne dépend-il que de Dieu, de l'homme lui-même, ou bien de leurs volontés conjuguées ?

Au XIIIe siècle, Thomas d'Aquin propose un compromis en admettant que les hommes peuvent contribuer à leur salut, en complétant par leurs bonnes actions la grâce, octroyée arbitrairement par Dieu ; l'action humaine est donc nécessaire et non suffisante.

Quelques siècles plus tard, quand il devient plus évident que les hommes ne se contenteront pas de ce léger amendement au fatalisme et à la prédestination, une partie de la chrétienté formalise une théorie plus complexe : d'abord avec la Réforme, pour qui l'homme réalise la grâce accordée mystérieusement par Dieu au moyen de son action dans le monde ; puis avec les jésuites, menés par le père Molina, qui expliquent que Dieu fait bénéficier tous les hommes, à leur naissance, d'une grâce dite « suffisante », qu'il appartient à chacun de faire fructifier par ses actes pour la rendre « efficace » et assurer ainsi son salut. À l'inverse, les jansénistes, dont la doctrine est bâtie par Cornelius Jansénius et l'abbé de Saint-Cyran, puis génialement exposée par Blaise Pascal, répètent qu'il n'y a qu'une grâce « efficace » accordée par Dieu aux hommes prédestinés à la vie éternelle, et à laquelle nul ne saurait échapper. À leurs yeux, la doctrine des jésuites est une aberration, un blasphème, et les hommes ne peuvent rien espérer de plus qu'aider à la réalisation de la volonté divine.

Le hasard est encore perçu comme l'empreinte sur le monde d'un esprit supérieur. Bossuet énonce très clairement qu'il est un messager de Dieu : « Ce qui est hasard à l'égard des hommes est dessein à l'égard de Dieu. »

Cette lente émancipation du temps s'exprime tant dans la façon de prévoir le temps qu'il fera que de valoriser le temps qui passe.

Prévoir le temps qu'il fera

Prévoir l'arrivée des saisons, du jour, de la nuit, de la pluie, du soleil, de la lune est de première importance pour les civilisations agricoles de l'Antiquité, comme pour les marins et les conducteurs de caravanes. La prévision météorologique ne vise pas à modifier le climat, seulement à s'y soumettre et à s'en protéger ; pour mieux cultiver, pour mieux s'abriter, pour mieux voyager.

Là encore, le rapport aux astres est déterminant. Et il légitime l'importance attachée à leur observation. Cette fois de façon objective, empirique. Il s'agit cependant d'une corrélation et non de causalité : on constate des coïncidences entre certains ciels et certaines météorologies, sans les expliquer. Glissant de l'astrologie à l'astronomie. Pour certains, les prenant encore pour des puissances surnaturelles, on tente de les convaincre en leur adressant des prières. C'est d'ailleurs une des premières fonctions des prêtres que de mêler prévision et prière, pour tenter de prévoir, et pour prétendre faire advenir le jour, la nuit, le soleil et la pluie ; de faire cesser le vent ou la tempête. Et ils présentent en général ce qui résulte de leurs prévisions comme le résultat de leurs intercessions. Dans pratiquement tous les cultes, les prêtres, ou ceux qui en tiennent lieu, sont aussi à la fois astrologues, astronomes et météorologues. Leurs prévisions se mêlent à leurs prières, dans une étrange ronde, où les causalités ne sont que des corrélations qui se mêlent et s'interpénètrent, comme celle qui fait croire à certains Africains, au Burkina-Faso, que la pluie tombe quand les papillons s'envolent, alors que c'est l'inverse.

LA MAÎTRISE DU TEMPS, POUVOIR DES HOMMES

Dans d'autres cultures, des observateurs osent noter les événements climatiques, et leurs corrélations avec la carte du ciel, sans se contenter de prier. Le premier ouvrage connu de météorologie, le *Huang Di Nei Jing Su Wen*, écrit en Chine à la fin du premier millénaire avant notre ère, enregistre des observations et se risque même à des prévisions. En Inde, au IVe siècle avant notre ère, des administrateurs compilent les quantités d'eau tombées lors des moussons dont ils ont repéré la régularité et se livrent à des prévisions. Au même moment, en Mésopotamie, on commence aussi à bien connaître le ciel et à relier la position des astres à la succession des saisons.

Chez les Hébreux, premier peuple à penser que le temps est le lieu de la maîtrise et non de la soumission, certains croient aussi, contre l'avis des rabbins, que la venue de la pluie peut être favorisée par un comportement plus éthique des hommes. Pour les Hopis, indiens sédentaires vivant dans les zones désertiques du sud-ouest des États-Unis, en cultivant le maïs (et dont l'extraordinaire cosmogonie se décline en des centaines de poupées, des katchinas), la pluie, indispensable à la survie, tombe quand les prêtres dansent neuf jours en imitant les ondulations de crotales qu'ils tiennent dans leur main et dans leur bouche. Dans le Tafilalet, région du Sud-Est marocain, pour faire venir la pluie, des jeunes filles fabriquent un mannequin avec deux cuillers à pot en guise de bras ; elles le transportent dans le village en chantant ; les spectateurs versent de l'eau dans les cuillers et donnent des œufs, de la farine et du blé aux jeunes filles ; avec ces dons, un grand repas est préparé pour tous et il est censé pleuvoir dans les jours qui suivent.

En Grèce, le vent est longtemps considéré comme l'œuvre d'Éole, les éclairs et la pluie celles de Zeus, qu'il faut prier. Une météorologie rationnelle apparaît en 350 avant notre ère, quand Aristote, explique, parmi les premiers, le mécanisme de la pluie : l'eau s'élève sous l'action du soleil, puis se condense en raison du froid pour finalement retomber sur la terre sous forme de pluie. Au même moment, on commence aussi à chercher des causes rationnelles aux catastrophes naturelles, climatiques ou non. Après Thalès, qui pensait que les mouvements de l'eau souterraine étaient la cause principale des tremblements de terre, Aristote explique qu'ils sont dus au *pneuma*, un souffle chaud qui peut sortir de la terre et provoquer les vents, ou s'y enfoncer et provoquer les séismes. En 300 avant notre ère, Théophraste avance les premiers éléments fondant une théorie météorologique, dans son *Traité sur les signes des eaux, des vents, des tempêtes et du beau temps*. Pour lui, un ciel rouge au lever ou au coucher du soleil laisse augurer la venue future de la pluie ; si une auréole entoure la lune, le vent se lèvera. Il note, après Aristote, que le comportement des animaux est un moyen de prédire les fluctuations météorologiques : ainsi le chant des moineaux un soir d'hiver annonce-t-il un changement de temps.

LA MAÎTRISE DU TEMPS, POUVOIR DES HOMMES

L'essor du christianisme freine la progression de la recherche météorologique en Occident : le temps appartient à Dieu et nul n'a le droit de chercher à en saisir les mécanismes, même pour améliorer le sort de l'humanité ; il redevient aussi blasphématoire de rechercher des causes matérielles aux catastrophes naturelles. Ainsi, à la fin du IVe siècle, dans son livre *Diversarum Hereseon Liber*, Philastre, évêque du diocèse de Brescia en Lombardie, dénonce comme blasphématoire toute recherche de leurs causes.

Les recherches se poursuivent pourtant, au moins dans le monde arabo-musulman. Au Xe siècle, le grand mathématicien et physicien arabe Ibn Al-Haytham, précurseur de l'optique moderne, explique correctement, pour la première fois, le phénomène de l'arc-en-ciel.

Au XVIIe siècle, l'Église ne peut plus s'opposer au désir de prévoir le temps qu'il fera, et la météorologie s'installe comme science. Elle prend alors un nouvel essor en Europe, avec la mise au point de nouveaux instruments de mesure : le pluviomètre de Benedetto Castelli en 1639, l'hygromètre de Ferdinand II de Toscane qui mesure l'humidité dans l'air en 1641, le baromètre à mercure d'Evangelista Torricelli en 1643, l'anémomètre de Robert Hooke en 1664. Les études sur le vide de Pascal, poursuivant les travaux de Torricelli, lui permettent d'affirmer que la pression atmosphérique diminue avec l'altitude. À la même époque, les physiciens Robert Boyle et Edme Mariotte énoncent la loi de compressibilité des gaz. En 1748,

Alexander Wilson et Thomas Melville effectuent les premières mesures météorologiques dans l'atmosphère grâce à des cerfs-volants. En 1783, Jacques Charles les précise en montant en ballon à une altitude de 3 300 mètres. La météorologie profite ensuite de l'invention du télégraphe, qui permet de mettre en commun des observations simultanées dans divers lieux. Les corrélations statistiques s'affine, même si on recherche encore des causes. En vain.

La valeur croissante du temps : spéculation et prévision

Le temps humain, le temps vécu, si bref et si rare, prend progressivement de la valeur. Et, quand l'argent mesure la rareté des choses, c'est en argent qu'on mesure celle du temps. L'équivalence du temps et de l'argent s'installe ainsi au tournant du premier millénaire.

Plus précisément, à ce moment, le vol et l'impôt ne suffisent plus à fournir aux puissants les moyens de couvrir leurs dépenses. Ils ne peuvent plus financer des armées ni construire des couvents, cathédrales et palais seulement en extorquant du travail à des esclaves et de l'argent à des fidèles ou des sujets. Il leur faut désormais promettre de rendre une partie de l'argent saisi à ceux à qui ils le prennent. En plus de l'impôt vient alors le crédit. D'abord aux armateurs, puis aux princes, puis entre particuliers. Et, pour trouver des prêteurs plus ou moins volontaires, l'emprunteur doit s'engager à leur rendre leur argent avec un intérêt.

Mais aucun chrétien ni aucun musulman ne veut être prêteur, puisque, pour eux, le temps appartient à Dieu et qu'on ne saurait donc le vendre, c'est-à-dire prêter de l'argent avec intérêt ; ni non plus prêter à taux nul, car cela revient à prendre le risque d'être spolié, à moins de faire une absolue confiance à l'emprunteur, ce qui n'est possible que dans une étroite communauté de loyauté. En dehors de ces cas, le prêteur doit donc recevoir un intérêt, pour compenser le risque qu'il prend de ne pas être remboursé, et la perte qu'il assume en n'utilisant pas lui-même cet argent pendant la durée du prêt.

Il est vraisemblable que, hors de toute doctrine, les premiers marins, armateurs et marchands, ont eu à gérer et à financer les cargaisons et les risques des voyages. Avec un grand pragmatisme, et quelle que soit leur foi, ils ont alors organisé les premiers des mécanismes de crédit.

Le judaïsme, pour qui l'homme est maître du temps terrestre, prend vite le relais car il considère qu'il est licite de prêter à intérêt l'épargne disponible, dans certaines conditions très précises, d'honnêteté et de transparence, et seulement à des non-juifs. Ils l'ont fait au moins dès le IVe siècle avant notre ère, aux caravaniers et aux armateurs. Au tournant du millénaire, quand l'argent commence à manquer aux princes sédentaires, des communautés juives, dispersées depuis des siècles, pour l'essentiel en Mésopotamie, sont alors incitées ou contraintes à s'installer et à prêter leurs ressources à de puissants emprunteurs ; d'abord, au IXe siècle, aux premiers princes musulmans du Moyen Orient ; puis, au Xe siècle, aux princes chrétiens d'Europe. Les juifs sont alors attirés par les princes et les bourgs en Europe chrétienne, dont ils étaient jusque-là presque totalement exclus, à condition d'accepter d'être prêteurs, en plus de tout autre métier.

Ainsi, quand d'autres en Europe commencent à se faire rémunérer leur temps de travail comme salariés, les juifs commencent à se faire rémunérer l'usage dans le temps de leurs ressources comme prêteurs. Pour en fixer le prix, ils doivent évaluer la capacité de remboursement de ceux à qui ils prêtent, et, plus généralement, prévoir le cours des événements, c'est-à-dire « spéculer » sur l'avenir. Le mot désigne d'ailleurs en latin l'observateur, l'éclaireur, l'espion. L'espion du temps.

D'autres que les juifs (lombards, calvinistes, luthériens) exercent bientôt eux aussi ce même métier, d'abord en contrebande ; puis plus ouvertement, en reprenant à leur compte la conception juive de la valeur du temps.

À partir du XVIIIe siècle, à peu près débarrassés de la menace de la spoliation arbitraire, les prêteurs, devenus des banquiers, de toutes origines et installés partout en Europe, font tout pour prévoir l'avenir de façon aussi certaine que possible ; et même pour connaître les événements importants avant les autres, afin de fixer au mieux le prix du temps. Ils dépensent ainsi des fortunes pour obtenir, les premiers, des informations sur le sort des armes, envoyant même pour cela des espions sur les champs de bataille. Parfois, ils ne se contentent pas de chercher à connaître l'avenir avant les autres mais poussent leur avantage jusqu'à laisser croire à leurs concurrents que l'avenir sera différent de ce qu'ils savent déjà qu'il sera : la prévision devient ainsi une arme économique, après avoir été une arme religieuse et militaire. Ainsi, en juin 1815, le banquier anglais Nathan Mayer Rothschild envoie des agents sur le continent pour être informé avant le reste des Britanniques de l'issue de la bataille de Waterloo, qui pouvait faire de l'Angleterre la première puissance économique du continent en cas de victoire, ou la ruiner en cas de défaite. Apprenant le sort des armes, quelques heures avant le reste du pays, il vend ostensiblement à la Bourse de Londres une grande partie de ses titres anglais, alimentant ainsi la rumeur d'une victoire française, et provoquant la chute du cours des titres anglais, qu'il rachète immédiatement en secret à très bas prix, pour les revendre au plus haut, le lendemain, une fois connue de tous la victoire de Wellington.

De même, à l'aube du 15 avril 1912, les premières rumeurs de naufrage du *Titanic* font augmenter de près de 60 % le prix des réassurances, puis la hausse se réduit à 25 % quand de nouvelles annonces en provenance de la société d'information financière

The Exchange Telegraph Compagnie démentent le naufrage du bateau. La compagnie Lloyd apprenant avant tout le monde avec certitude, par une de ses propres stations radio, le sort du navire, qu'elle assurait, rachète alors au plus bas les titres de réassurance, ce qui lui permet de se couvrir à moindre coût et d'indemniser sans trop de difficulté les familles des naufragés et les propriétaires du bateau.

Le sens de l'Histoire : le temps long

À la fin du XVIIIe siècle, quand s'éloigne le moment de la prédiction, les Européens veulent non seulement maîtriser et prévoir leur destin individuel, mais aussi donner du sens, hors du religieux, à leur destin collectif ; même si c'est pour en conclure qu'ils ne peuvent en rien le modifier, sinon pour tenter de l'accélérer ou le retarder. Une réflexion laïque sur l'avenir de l'homme sur la Terre se substitue ainsi progressivement au discours théologique sur la vie après la mort. Le temps long n'est plus l'éternité : il devient l'Histoire. Émerge ce que Voltaire désigne comme le « sens de l'Histoire », faisant du passé une dimension de l'avenir. Et non plus l'inverse. Immense renversement qui prend le relais des cosmogonies, dans un étrange continuum.

Comme les cosmogonies antérieures, la plupart de ces doctrines distinguent des phases dans l'évolution de l'humanité, mais cette fois elles sont matérielles et terrestres, et elles ne supposent plus l'intervention d'une ou de plusieurs puissances supérieures.

Un des premiers à exprimer ce sens de l'Histoire est, en 1798, le pasteur anglican Thomas Robert Malthus dans son *Essai sur le principe de population*. Il y dénonce « la tendance constante de tous les êtres vivants à accroître leur espèce au-delà des ressources de nourriture dont ils peuvent disposer ». Il estime que la population a tendance à doubler tous les vingt-cinq ans alors que les ressources naturelles ne peuvent augmenter que de façon arithmétique, au mieux, car « l'amélioration des terres stériles ne peut résulter que du travail et du temps ». Il en conclut que, à la fin du XXe siècle, seulement 9 personnes sur 256 pourront manger à leur faim, ce qui entraînera la baisse de la natalité, car l'homme « éprouvera la crainte de ne pouvoir nourrir les enfants qu'il aura fait naître », ainsi que de nombreux malheurs dont la maladie, l'insalubrité, la malnutrition…

Puis, au milieu du XIXe siècle, surgissent d'autres théories de l'Histoire.

Alexis de Tocqueville prédit ainsi que l'on assistera à la victoire inexorable sur toute la planète de l'égalité sur la liberté, un « mouvement déjà assez fort pour qu'on ne puisse le suspendre et pas encore assez rapide pour qu'on désespère de le diriger ». Pour lui, l'égalité relève de la nature et de l'instinct, alors que la liberté relève de l'artifice et de la science. Dans les siècles démocratiques qui s'annoncent, explique-t-il, les libertés seront toujours un artefact alors que le « centralisme sera le gouvernement naturel ». Autrement dit, l'inexorable égalisation des conditions conduira en apparence à une plus grande liberté politique, qui entraînera nécessairement la mise en place d'un « despotisme démocratique » maintenant en apparence les « institutions de la liberté ». Et c'est justement, pour lui, cette défaite prévisible de la liberté face à l'égalité qui explique en quoi l'avenir de l'homme est déterminé.

Quelques années plus tard, Auguste Comte explique que l'humanité passe par trois états successifs : dans le premier, « théologique ou fictif », l'être humain ressentait le besoin d'inventer des créatures fictives pour donner du sens à des phénomènes échappant à sa compréhension. Dans le deuxième, « métaphysique ou abstrait », les créatures fictives sont remplacées par des créations idéologiques abstraites telles que le contrat social de Rousseau. Dans le troisième, « scientifique ou positif », où nous sommes encore, la vérité forme la valeur supérieure des relations entre les gens et des comportements. Elle est accessible par la raison et permet de prévoir l'avenir, en se fondant sur les lois de la nature. « Le véritable esprit positif consiste surtout à voir pour prévoir, à étudier ce qui est afin d'en conclure ce qui sera, d'après le dogme général de l'invariabilité des lois naturelles. »

Selon Karl Marx, au même moment, la même conception rationnelle de l'avenir conduit, à la différence de Tocqueville, à prévoir la victoire de la liberté. Pour lui, l'avenir est déterminé par la lutte des classes, qui conduit inexorablement, à travers les soubresauts contradictoires de l'Histoire, d'abord à la victoire du capitalisme, puis à sa défaite. Les rapports sociaux définissent toutes les dimensions de la société et le destin de chacun, dans chaque classe. Marx décrit cet avenir dès 1848 dans le *Manifeste du parti communiste* : « Le mode de production de la vie matérielle conditionne le processus de vie sociale, politique et intellectuelle en général. Ce n'est pas la conscience des hommes qui détermine leur être ; c'est inversement leur être social qui détermine leur conscience. » Pour lui, comme pour Comte et bien d'autres avant lui, l'Histoire évolue par phases ; mais pas les mêmes : après le féodalisme et le capitalisme, on en viendra, dit-il, au socialisme puis au communisme ; non par la volonté de quelques-uns ni dans un seul pays (tentative qu'il réprouve), mais quand, de façon irrépressible, le capitalisme sera devenu mondial et aura épuisé toutes les sources de profit de la planète. Il ne faut donc pas, selon lui, tenter de s'opposer ou d'orienter ce mouvement, car il est inéluctable et progresse, après le capitalisme et le socialisme, vers le communisme, société d'abondance absolue et de liberté totale. La politique, même, dit-il, ne sert presque à rien car elle ne peut enrayer le cours de l'Histoire, dont le moteur est la lutte des classes. Et il ajoute dans sa *Contribution à la critique de l'économie politique* : « Quiconque compose un programme de société future est réactionnaire. »

Simultanément, Darwin retrouve, tout autrement, l'idée que l'homme ne peut en rien influer sur son avenir. Mais l'avenir n'est pas, pour lui, déterminé par les rapports sociaux, mais par un mélange de nécessité et de hasard, qui n'est en rien, soutient-il, l'expression du divin. On peut donc comprendre l'évolution, mais pas l'influencer. Ainsi, un caractère physique va avoir tendance à se développer et à se généraliser s'il apporte un avantage pour la survie et la reproduction d'une espèce. Mais les mutations dues au hasard contribuent en général à créer de la diversité et à faire apparaître de nouveaux caractères. Face à des crises inattendues, les espèces qui survivent ne sont pas nécessairement les mieux adaptées à leurs milieux initiaux, mais celles qui possèdent un caractère déterminant dans le nouvel environnement, même s'il était inutile, voire nuisible, antérieurement.

Depuis lors, bien d'autres théories similaires ont été élaborées. Annonçant tour à tour la victoire inéluctable et définitive du socialisme, du fascisme, du nazisme, du communisme, du fondamentalisme, du capitalisme ou de la démocratie. Un des derniers à prédire l'inéluctable victoire du socialisme fut, en 1945, l'économiste autrichien Joseph Schumpeter, devenu américain, pour qui le capitalisme se suicide en se transformant en une bureaucratie. Selon lui, le monde est passé d'un « capitalisme primitif » (de l'Antiquité jusqu'au XIIIe siècle) au « capitalisme initial » (du XIe au XVe siècle), puis au « capitalisme mercantile » (du XVe siècle au XVIIIe siècle), au « capitalisme intact » (au XIXᵉ siècle), au « capitalisme régulé ou entravé » (du début XXᵉ jusqu'à 1945) et, enfin, au « capitalisme guidé ». Le « capitalisme guidé » entraînera selon lui des changements psychologiques, politiques et moraux, provoquant la bureaucratisation de la société et détruisant la volonté entrepreneuriale pour tendre vers le socialisme.

Puis, avec la défaite du bloc soviétique au début des années 1990, l'idée d'une victoire inexorable du communisme, si répandue jusqu'alors, disparaît. L'« avenir radieux » de l'humanité n'est plus socialiste. Certains en restent à prédire, à l'inverse, la victoire inéluctable du capitalisme et de la démocratie, allant, tel l'Américain Francis Fukuyama, jusqu'à annoncer leur généralisation prochaine à l'ensemble du monde, réduisant la suite de l'Histoire à l'effondrement progressif de toutes les dictatures.

Quatre méthodes d'apprentissage de l'art de prévoir

Dans le chaos croissant du monde, depuis les débuts du IIᵉ millénaire, le désir d'apprendre à prévoir l'avenir d'une façon rationnelle s'est diffusé rapidement dans toutes les élites laïques et marchandes de l'Occident, au-delà des banquiers et des météorologues. Les peuples eux-mêmes, dans toutes les couches sociales, ont aussi développé peu à peu leurs techniques spécifiques pour y parvenir et s'approprient progressivement celles des princes. De plus en plus de gens ont voulu en effet prévoir ce qui les attendait ; ils n'ont plus fait confiance aux astrologues et autres voyantes ou chiromanciens. Ils cherchent à perfectionner leur capacité rationnelle à prévoir. Et comme, à ce jour, aucune école n'apprend jamais cet art si difficile du « prévoir soi », des méthodes indirectes se sont imposées pour simuler les raisonnements nécessaires à la prévision : les jeux, la musique, la littérature et l'humour.

Les jeux de stratégie

Beaucoup de jeux de stratégie, raconte-t-on, auraient été inventés pour distraire les princes de l'ennui. Pour occuper leur temps. En fait, à mon sens, ils sont avant tout des processus d'apprentissage de l'art de prévoir. Ils apprennent à simuler des tactiques, à vivre des avenirs imaginaires, à évaluer des risques, à définir des réponses face à chaque éventualité.

C'est d'abord le cas de bien des jeux de cartes, tels le bridge ou le whist. La victoire d'un joueur dépend de sa capacité à anticiper ce que les autres peuvent et vont faire, en fonction des informations dont le joueur dispose et de celles dont il pense que disposent les autres, telles que les traduisent en particulier les enchères. La pratique du bridge est ainsi une formidable méthode pour apprendre comment penser l'enchaînement logique des causalités dans toutes les hypothèses, et comment tenir compte des probabilités de l'occurrence de chaque situation, caractérisée dans ce jeu par chaque distribution de main.

Le jeu d'échecs joue le même rôle : inventé, selon toutes les légendes, pour épargner l'ennui à un prince perse, ce jeu est en réalité l'héritier d'un jeu indien de stratégie militaire, le *chaturanga*, terme sanskrit signifiant « quatre (*chatu*) membres (*anga*) », faisant référence aux quatre corps de l'armée indienne – infanterie, char, cavalerie, éléphant. En enseignant la simulation stratégique, il permet d'apprendre à anticiper les réactions des autres. À la fin du Xe siècle, ce jeu passe chez les Perses, puis chez les Arabes ; il arrive au XIVe siècle en Europe, où il est très vite pratiqué par toute la haute société. Deux siècles plus tard, les échecs deviennent en Europe un jeu de prévision et non plus de stratégie militaire : l'échiquier représente désormais la ville du Moyen Âge et ses différentes catégories sociales ; les hommes de toute condition vont y apprendre à anticiper ce qui peut leur arriver. Là encore, comme pour les jeux de cartes, le jeu d'échecs constitue une formidable façon d'apprendre à explorer, en les simulant, les diverses branches possibles de l'avenir ; en se servant de sa mémoire pour connaître toutes les parties analogues et de sa raison pour simuler les réactions possibles de l'adversaire. Un bon joueur, dit-on, doit savoir jouer six coups d'avance. C'est exactement ce que doit faire aussi toute personne qui veut anticiper les événements qui peuvent la concerner.

Certains jeux de hasard fonctionnent, eux aussi, comme des processus d'apprentissage de la maîtrise du temps. Leur théorie commence à se développer au XVIIe siècle avec Fermat, Pascal et Huygens. Elle permet d'évaluer rationnellement l'espérance de gain et d'en déduire ce qu'on peut risquer de perdre. Par exemple, dans un jeu de pile ou face, il n'est raisonnable de parier que 5 piles sortiront de suite que si le gain que l'on peut espérer si cela se produit est au moins de 32 fois la mise initiale, car il y a 1 chance sur 32 que cela se produise. Cela conduit à comprendre que, dans certains cas, un événement très improbable – tel que les 5 piles de suite – finira toujours par advenir, même si sa probabilité est quasiment nulle. Par exemple, il est certain qu'un singe finira par taper à la machine le texte exact de ce livre, même si l'occurrence d'un tel événement est si rare qu'il aura lieu dans très longtemps. Cela ouvre alors à une amélioration considérable des processus de prévision, du jeu d'échecs au backgammon en qualifiant la probabilité de chaque éventualité.

Dans la première moitié du XXe siècle, Émile Borel, John von Neumann, Oskar Morgenstern ou John Nash formalisent la théorie des jeux, qui rationalise plus encore les comportements des hommes face au choix et au hasard, et propose à chacun la meilleure stratégie à adopter pour obtenir le meilleur résultat en analysant les conséquences de la suite logique d'événements selon leurs probabilités.

LA MAÎTRISE DU TEMPS, POUVOIR DES HOMMES

Parmi les exemples de jeux de stratégie les plus célèbres qu'éclaire la théorie des jeux figure le dilemme du prisonnier : on suppose que deux personnes ne peuvent communiquer entre elles, mais doivent prendre au même moment la décision de coopérer ou de trahir l'autre. Si les deux choisissent de coopérer, alors la théorie des jeux montre que le résultat sera positif pour les deux ; s'ils se trahissent mutuellement le résultat sera mauvais pour les deux ; si un seul des deux joueurs trahit et que le second coopère, alors le traître s'en sortira encore mieux que si les deux avaient coopéré et le trahi sera lui bien plus mal traité que si les deux s'étaient mutuellement trahis. La théorie des jeux permet donc de montrer que, dans ce cas, pour s'en sortir au mieux, chaque joueur a intérêt à ne pas trahir l'autre.

La musique

La musique est aussi, sans qu'on l'ait jamais analysée ainsi – jusque très récemment, en particulier dans les travaux de Francis Wolff –, une technique d'apprentissage de l'art de prévoir l'avenir.

D'abord, parce qu'elle est en soi exploration du champ des possibles et qu'elle évolue plus vite que le reste de la société, dévoilant l'essence de ce qui peut advenir dans d'autres domaines. Ainsi, en écoutant les musiques de chaque peuple, on peut comprendre son attitude à l'égard de l'avenir : plus les musiques d'un pays sont répétitives, moins ce pays est préparé à penser l'avenir avec audace et à accueillir positivement la nouveauté. C'est d'ailleurs en l'étudiant que j'ai pu faire, et que je continue de faire, mes prévisions les plus précises, dans les contextes les plus divers.

Ensuite, parce qu'elle est structurée d'une façon telle que l'auditeur trouve du plaisir à anticiper la succession dans le temps de différents modules auxquels son oreille est préparée. Écouter une œuvre, c'est donc parcourir un avenir virtuel. Parfois, la répétition des motifs réduit la prévision, comme dans les formes musicales les plus simples. Parfois, au contraire, une œuvre recèle mille surprises, à l'intérieur des lois qui la fondent. En faire l'analyse forme à l'appréhension du temps.

Enfin, quand on réécoute une œuvre, on traverse un temps déjà vécu, retrouvant le plaisir de revivre un avenir déjà exploré.

Une œuvre musicale permet ainsi à son auditeur de parcourir un avenir à la fois réel et virtuel, structuré par l'écoute.

La littérature

La prévision de l'avenir constitue aussi le cœur de tout roman, où le lecteur est mis en situation d'anticiper, de se demander comment l'auteur va faire évoluer l'intrigue. De plus, très souvent, les personnages eux-mêmes passent une partie de leur temps à prévoir l'avenir, à échafauder des plans pour construire leur propre destin.

LA MAÎTRISE DU TEMPS, POUVOIR DES HOMMES

Il en va ainsi dès *L'Odyssée*, dont le personnage principal consacre l'essentiel de son temps à prévoir son avenir et à évaluer les risques à prendre pour réussir à rentrer chez lui. Par exemple, dans l'épisode du cyclope, Ulysse choisit de s'entourer de « douze des meilleurs » et prend avec lui « une grande outre » de vin, « car tout de suite [son] grand cœur avait pressenti qu'un homme surviendrait revêtu d'une grande force, un être sauvage, et mal instruit de la justice et des lois ». Prisonnier du cyclope, Ulysse cherche le meilleur plan pour s'évader : « Mais moi, je délibérais, espérant trouver le plus sûr moyen pour mes compagnons et moi-même d'échapper à la mort ; je tissais toutes sortes de ruses et de calculs ; car il y allait de la vie, et le grand malheur était proche. »

La voyance apparaît très tôt dans la littérature. Dans *Gargantua* de Rabelais, Picrochole, le roi qui s'attaque au royaume de Grandgousier, rencontre après sa défaite une voyante qui lui prédit « que son royaulme luy seroit rendu, à la venue des Coquecigrues » : il ne remet jamais en cause la prédiction, devient un « pauvre gaignedenier à Lyon » et attend jour après jour, toute sa vie, la venue des Coquecigrues.

Dans *Macbeth* de Shakespeare, le héros éponyme rencontre au début de la pièce trois sorcières qui le désignent par trois noms « Thane de Glamis » – son vrai titre à ce moment de l'intrigue –, « Thane de Cawdor », puis « roi un jour ». Elles prédisent aussi à son compagnon Banquo qu'il engendrera des rois. Peu de temps après, Macbeth est nommé, sur décision du roi, Thane de Cawdor. Obnubilé par la prophétie, il assassine le roi, monte sur le trône et assassine Banquo, de peur que la prédiction des sorcières ne se réalise. Macbeth finira par quémander l'aide des trois sorcières qui lui prédisent qu'il ne perdra son trône que « lorsque la grande forêt de Birnam marche[ra] contre lui » et le rassurent : « Nul homme né d'une femme ne peut nuire à Macbeth. » L'armée venue reconquérir le trône se cache derrière des branches coupées dans la forêt de Birnam et Macbeth meurt dans un duel avec Macduff, un homme « arraché avant le temps du sein de sa mère ». Aucun prince, aussi libre soit-il, ne peut échapper à son destin.

Au XVIIIe siècle, la prévision rationnelle s'installe au cœur des intrigues, qu'il s'agisse du théâtre amoureux à partir de Marivaux (où il faut apprendre à prévoir le comportement de l'autre pour le séduire) ou du roman bourgeois à partir de Diderot (qui raconte les prévisions et les ambitions des uns et des autres et les stratégies pour les réaliser).

C'est ainsi le cas chez Balzac : dans *La Peau de chagrin*, roman dont l'avenir est justement le sujet, lors d'un rendez-vous avec Pauline, Raphaël s'interroge sur les sentiments de la jeune fille : « M'aimerait-elle ? » et analyse son comportement : « Je l'examinai, croyant pouvoir lire dans son cœur comme dans le mien, tant sa physionomie était naïve et pure. » Ou encore *Le Père Goriot*, qui a acquis sa fortune dans le commerce de grains, car il était capable « de prévoir les cours, de prophétiser l'abondance ou la pénurie des récoltes ».

La littérature de science-fiction a été plus loin et s'est donné pour mission explicite d'explorer les champs des possibles et d'aider le lecteur à apprendre à imaginer le futur.

Dès qu'elle apparaît, au XVIIIe siècle, cette forme littéraire invente des modes de réflexion mettant en scène les réels possibles ; elle réussit parfois à prévoir l'avenir avec une grande perspicacité. Ainsi, dans la troisième partie des *Voyages de Gulliver*, parue en 1727, Jonathan Swift, un de ses précurseurs, décrit une ville flottante, Laputa, où des astronomes évoquent les deux lunes de Mars, cent cinquante ans avant qu'on n'observe Phobos et Deimos.

Un siècle et demi plus tard, Jules Verne écrit des romans d'anticipation, où il imagine l'avenir avec une exactitude parfois spectaculaire. Il décrit en particulier plusieurs technologies cent ans avant qu'elles apparaissent : ainsi de la voile solaire, imaginée en 1865 dans *De la Terre à la Lune*, et testée au Japon en 2010. Ainsi de la visioconférence, décrite dans *La Journée d'un journaliste américain en 2889*, nouvelle publiée en 1889.

La carte bancaire est aussi imaginée dès 1888 par Edward Bellamy dans *Cent ans après ou L'An 2000* ; des descriptions de l'an 2000 par le chimiste français Marcellin Berthelot, à la fin du XIXe siècle, sont aussi étonnamment judicieuses ; des écouteurs intra-auriculaires sont décrits en 1953 par Ray Bradbury dans *Fahrenheit 451*. Depuis, d'innombrables romans nous font réfléchir aux enjeux d'aujourd'hui. Tel *En terre étrangère* de Robert Heinlein, *Minority Report* de Philip K. Dick, *Le Meilleur des mondes* d'Aldous Huxley, *Soleil vert* de Harry Harrison, *Fondation* d'Isaac Asimov, *Limbo* de Bernard Wolfe. Et tant d'autres.

Le cinéma, qui relaie aujourd'hui la littérature de science-fiction, devient plus encore une formidable méthode pour apprendre à penser loin. C'est le cas peu après son invention avec Méliès ; puis on peut citer, parmi tant d'autres, *Metropolis* de Fritz Lang, *2001 : l'Odyssée de l'espace*, de Stanley Kubrick, *Soleil vert* de Richard Fleischer, *Blade Runner* de Ridley Scott, mais aussi *Bienvenue à Gattaca*, d'Andrew Niccol, *Mr Nobody* de Jacob Van Dormael, *Her* de Spike Jonze, *Interstellar* de Christopher Nolan et tant d'autres. D'une façon plus générale, le cinéma apprend à anticiper, parfois d'une façon insoutenable comme dans les films dits à suspense, où l'avenir des personnages est suspendu à la réalisation d'un événement attendu ou craint.

L'humour

Enfin, les anecdotes, aux origines mystérieuses, qu'échangent les gens pour se faire rire, se révèlent aussi, dans certaines circonstances, des moyens d'apprendre à anticiper l'avenir. En particulier, certaines histoires que se racontent les minorités, visent à leur apprendre, sans effort ni frayeur, à prévoir les risques qu'elles courent, à rester sur leurs gardes.

LA MAÎTRISE DU TEMPS, POUVOIR DES HOMMES

Dans ce registre, une des histoires que je préfère est issue d'une tradition particulièrement typique, celle de l'humour yiddish : dans un train allant de Lodz à Varsovie, dans les années 1930, un jeune homme entre dans un compartiment occupé par un vieux monsieur imposant, lisant la Bible. Le jeune homme s'assied et demande à son voisin de voyage : « Pardon, monsieur, puis-je vous demander l'heure, s'il vous plaît ? » Le vieux monsieur le dévisage longuement, puis répond : « Non, monsieur » et se replonge dans sa Bible. Le jeune homme stupéfait, hésite et, pensant s'être mal fait comprendre, repose la même question. Même réponse : « Non ! » Un quart d'heure plus tard, le jeune homme ose encore : « Pardon, monsieur, pourriez-vous au moins me dire pourquoi vous ne voulez pas me donner l'heure ? » Le vieil homme soupire, pose sa Bible et explique : « Si je vous donne l'heure, nous allons engager la conversation, et qu'est-ce que j'apprendrai ? Que vous êtes juif, comme moi ; que vous habitez Lodz, que vous venez à Varsovie, où j'habite. Comme nous sommes vendredi et que vous êtes seul, je devrais vous inviter à dîner pour Shabbat. Là, vous rencontrerez ma femme et ma fille. Elle est très belle, ma fille. Vous tomberez évidemment amoureux d'elle, vous me demanderez sa main. Et vous ne croyez pas que je vais donner la main de ma fille à un garçon qui n'a même pas les moyens de se payer une montre ? »

Aujourd'hui, ces méthodes ne suffisent plus ; tout s'est détraqué : aucun de ces sens de l'Histoire ne s'est réalisé. Ni celui du capitalisme, ni celui du socialisme, ni celui de la démocratie, ni celui du marché. Le monde est devenu de moins en moins prédictible. Les printemps n'ont pas tenu leurs promesses. Les jeux, le cinéma, la musique, l'humour ne suffisent plus à apprendre à anticiper. Tout est infiniment plus complexe, interdépendant, instable, versatile. Un nombre croissant d'acteurs peuvent avoir une influence majeure sur l'avenir.

La plupart des hommes, ivres de libertés et de fantaisies, se résignent à vivre l'instant présent, sans plus se préoccuper ni des autres ni de l'avenir. Ne pensant plus à l'éternité, pas même aux rares années qui leur restent à vivre. Oubliant qu'ils sont mortels, dans d'absurdes divertissements, déjà théorisés par Blaise Pascal, décidément présent dans bien des dimensions de l'analyse de l'avenir. Laissant désormais à des machines le soin de prédire les mouvements futurs des hommes, à l'intérieur des murs de leurs prisons.

CHAPITRE 3

La maîtrise du hasard, pouvoir des machines

Aujourd'hui, presque plus personne – en Occident du moins – ne croit que l'Histoire a un sens rationnel, quel qu'il soit ; chacun voit bien que le sort du monde est de moins en moins prévisible, sinon que de multiples nuages s'annoncent à l'horizon. Chacun constate que plus la liberté individuelle gagne du terrain, moins l'avenir est déchiffrable ; et qu'un nombre croissant d'individus, de plus en plus interdépendants, sont capables d'avoir chacun une influence majeure, positive ou négative, à l'échelle de la planète tout entière ; qu'ils peuvent, à tout instant, faire basculer le destin de l'humanité dans un sens comme dans un autre.

Certains perçoivent aussi que, parallèlement, la prolifération des données et leur modification continue créent une moyenne repérable, une tyrannie ignorante, une dictature de l'instant, dont aucun modèle ne peut rendre compte, sinon de façon purement statistique. Et justement, parce que progressent ces savoirs probabilistes, on commence à penser pouvoir les utiliser de nouveau, comme au temps où le hasard régnait sur les hommes, pour penser l'avenir. Voilà que reviennent, tout autrement, les relations entre le hasard et l'avenir.

Au lieu de chercher des causes aux phénomènes comme on le faisait avec les théories rationnelles de prévision pour en déduire une projection dans l'avenir, on se contente désormais de plus en plus de chercher des corrélations, c'est-à-dire des relations entre les évolutions des données ; sans plus rechercher d'explication à ces relations. Ce basculement de la causalité à la corrélation structure la nouvelle orientation de la prévision de l'avenir.

Tout commence avec l'évolution du savoir probabiliste. Il participe depuis un siècle à un formidable bouleversement de la conception même du temps ; il le dissout en une nuée de réalités simultanées et d'avenirs possibles. Rien n'obéit plus à la causalité rationnelle et intuitive. Dans un article de 1905 « De l'électrodynamique des corps en mouvement », Albert Einstein déduisait de la constance de la vitesse de la lumière (démontrée en 1887 par les travaux expérimentaux de Michelson et Morley) que chaque référentiel d'espace possède son propre référentiel de temps. Autrement dit, la durée d'un voyage dépend du mouvement relatif du voyageur par rapport à ceux qui mesurent la durée : c'est la « théorie de la relativité restreinte ». L'intuition est alors prise en défaut par la réalité. Ainsi, des jumeaux, dont l'un resterait sur la Terre et l'autre entreprendrait un voyage interstellaire à une vitesse proche de celle de la lumière, n'auraient pas le même âge lorsqu'ils se retrouveraient ; le plus vieux serait celui qui n'aurait pas changé de référentiel, donc qui serait resté sur la Terre. La « théorie de la relativité générale » – théorie de la gravitation prenant en compte les règles de la relativité restreinte – en déduit que, pour comprendre la relativité restreinte, il faut établir un lien, non intuitif, entre les masses et le temps. Pour le dire autrement, plus les masses sont importantes, plus l'espace-temps se courbe au voisinage de ces masses et plus le temps y passe – relativement – lentement.

Le temps – et l'avenir avec lui – devient ainsi une réalité relative, rendant impossible de continuer à espérer pouvoir déduire de façon univoque le futur depuis le seul passé. La causalité n'est plus la clé de l'avenir.

Pour la vérifier expérimentalement, cette théorie conduit à ne s'intéresser qu'aux effets et non plus aux causes. Plus question de démontrer, il s'agit juste de chercher des corrélations entre les choses, et d'en déduire des théories, même les moins intuitives.

Les modèles : simuler, prévoir, prédire

De fait, dans cet océan d'incertitudes et de comportements aléatoires, surgit au loin une nouvelle figure stable de l'avenir, faite de ces errements mêmes. Elle avance et enfle, comme une vague irrépressible. On ne cherche plus désormais, comme on le faisait depuis deux siècles, des explications causales, même complexes, même non intuitives de l'avenir par le passé ; on se contente de rechercher des tendances de l'avenir par le seul jeu des corrélations entre grandes masses. Des machines, progressant sans cesse grâce à l'amélioration de leur puissance de calcul, augmentant de manière exponentielle selon la loi de Moore, se donnent désormais comme projet de détecter les corrélations entre les comportements apparemment erratiques de chacun ; elles y découvrent de structures permanentes de relations entre des données et en déduisent de nouvelles façons de prévoir l'avenir ; tellement précises, tellement imparables, qu'elles conduisent davantage à prédire qu'à prévoir.

L'histoire de ces prévisions par des machines commence avec l'établissement des premiers modèles économiques, à la fois outils d'analyse, de simulation et de prévision. Ces modèles utilisent très tôt les mathématiques, eux-mêmes modèles du réel. Ils sont ensuite complétés par les statistiques, mesures empiriques du réel, ouvrant la voie aux corrélations, longtemps masquées par un discours qui les présentait encore comme des causalités.

Ces modèles apparaissent au cours du XVIIIe siècle. Un des tout premiers, en 1758, est établi en France par François Quesnay, qui conçoit un *Tableau économique*, dans lequel il décrit la circulation des ressources dans l'économie d'un pays selon le modèle de la circulation sanguine décrit un siècle plus tôt par le médecin anglais William Harvey : il représente les mouvements des biens entre trois classes d'habitants du pays (la « classe productive », la « classe stérile » et la « classe propriétaire »). Mais, comme il ne fait pas du temps une variable de son modèle et qu'il ne permet pas d'organiser des simulations, ce modèle ne peut servir pour prévoir ou décrire des scénarios alternatifs. En outre, comme on ne dispose pas alors de moyens de collecte de données ni de machines capables de faire progresser cette analyse en y intégrant ces données, le modèle reste purement théorique.

Un grand saut est fait dans la quantification conceptuelle quand, en 1874, l'économiste français Léon Walras, dans ses *Éléments d'économie politique pure ou Théorie de la richesse sociale*, modélise les relations économiques entre chaque producteur et chaque consommateur, définit leur rôle dans la fixation des prix et dans l'allocation des ressources, dont le capital et le travail. Il entend démontrer qu'en économie de marché la meilleure allocation des ressources advient lorsque règne une concurrence pure et parfaite. Le temps n'étant pas, là non plus, une variable du modèle, on ne peut toujours pas s'en servir ni pour simuler ni pour prévoir. Sinon pour imaginer le sous-emploi des facteurs de production qui résulterait d'un trop grand écart entre le marché réel et le marché pur et parfait théorique. Là encore, comme chez Quesnay, mais tout autrement, c'est un modèle théorique, sans aucune utilisation empirique possible. L'un et l'autre sont aussi avant tout des représentations idéologiques de la réalité.

Pour introduire le temps dans ces modèles, à la fin du XIXe siècle, certains économistes commencent à analyser les premières statistiques de production recueillies par les États et à en déduire des courbes d'évolution de ces données dans le temps, afin d'y repérer de plus ou moins fortes amplitudes, et des motifs qui se répéteraient plusieurs fois dans le passé, et donc, sans doute encore, dans l'avenir. Il s'agit déjà de corrélations, et non plus d'explications causales.

En 1862, le médecin et économiste français Clément Juglar propose, le premier, un modèle de cycle économique d'une dizaine d'années en trois temps : expansion, crise puis assainissement. En 1923, le statisticien anglais Joseph Kitchin décèle des cycles très courts (trois-quatre ans) ; en 1926, l'économiste russe Nikolaï Kondratiev décrit des cycles très longs (une cinquantaine d'années) ; en 1930, l'économiste américain Simon Kuznets décèle des cycles d'une vingtaine d'années. Tous les décrivent sans les expliquer.

Au même moment, d'autres économistes, au service d'un pouvoir, commencent aussi à théoriser une quantification de l'avenir, cette fois afin d'agir. À partir de statistiques de plus en plus précises et massives. Et là, les machines entrent vraiment en scène.

En Russie, d'abord. Quand, en 1917, les communistes y prennent le pouvoir, il leur faut décider à quoi affecter les très rares ressources du pays ; le 23 juillet 1918, un certain Pavel Popov fonde, avec l'appui de Lénine, la Direction centrale de la statistique soviétique. Le 21 février 1920, Lénine annonce l'instauration d'un schéma de développement décennal autoritaire de la puissance électrique du pays. En 1921, une famine provoquant plus de 5 millions de morts entraîne un retour à un semblant d'économie de marché et la création du Gosplan, Comité étatique pour la planification, qui n'est alors qu'un organe consultatif, en charge seulement de la centralisation des statistiques économiques. En 1926, Popov rassemble, dans *La Balance de l'économie nationale de l'URSS, 1923-1924*, l'ensemble des statistiques de production et d'utilisation des ressources par les différents secteurs de l'économie soviétique ; il veut montrer que les proportions entre les quantités de biens utilisées par les différents secteurs doivent rester stables. Popov s'inscrit ainsi dans l'approche dite « génétiste » défendue par Boukharine, selon laquelle les réalités matérielles s'imposent au volontarisme politique et exigent en particulier le maintien d'une forte agriculture. À l'inverse, selon une vision prescriptive, volontariste, soutenue par les « téléologistes » de Preobrajenski, certains pensent qu'il est possible d'échapper à ces proportions, et de déplacer rapidement la répartition des ressources au détriment de l'agriculture et en faveur de l'industrie, pour réaliser une « accumulation socialiste primitive ». Il ne s'agit plus là de causalité mais de volontarisme, refusant même de tenir compte des corrélations rationnelles et stables qu'établissent les données du passé. Le débat tourne court en 1928, quand Boukharine et Preobrajenski sont tous deux éliminés par Staline et que le Gosplan devient l'instrument autoritaire de la construction volontariste d'un « avenir radieux » par une « accumulation socialiste primitive », sans plus aucun égard pour les contraintes de la réalité. L'avenir n'est donc plus prévu ; il est décidé. Le « devenir soi » n'utilise plus le « prévoir soi » comme une base ; il le nie et fait l'impasse sur le réel, jusqu'à mentir, martyriser, massacrer et échouer ; tordant les chiffres pour leur faire dire ce que le pouvoir politique veut faire croire, conduisant au passage à la mort de millions de familles paysannes ; rappelant ainsi au passage qu'on ne peut imposer n'importe quel avenir, n'importe quel « devenir soi », sauf au prix du massacre de soi et des autres. Malgré cela, au premier plan (1928-1932) succèdent treize autres, de moins en moins réalistes, de plus en plus truqués, d'une durée d'environ cinq ans chacun.

Pour faire les calculs nécessaires à la répartition des richesses, ces plans utilisent des machines de plus en plus sophistiquées de traitement des données statistiques. À leurs débuts, elles emploient un système de programmation de cartes perforées mis au point en 1728 pour les métiers à tisser par Jean-Baptiste Falcon. Elles servent en 1834 dans les machines de calcul mises au point par Charles Babbage. Ces machines font ensuite tant de progrès que les calculs qu'elles rendent possibles augmentent considérablement : alors qu'il a fallu huit ans pour calculer à la main le résultat du recensement de 1880 de la population américaine, dix ans plus tard, en 1890, il suffit d'un an pour le faire mécaniquement, avec les machines à cartes perforées, inventées par Herman Hollerith, lequel créera en 1896 la Tabulating Machine Company. Cette même entreprise, devenue IBM en 1924, brevette en 1928, année du premier plan soviétique, un nouveau modèle de cartes perforées de 80 colonnes, où des perforations rectangulaires expriment un code alphanumérique. Il devient alors possible de manipuler très vite des masses de données statistiques pour en déduire des corrélations.

En 1941, l'approche de Popov est reprise en Occident par un économiste russe devenu américain, Wassily Leontief, dans *The Structure of American Economy*. Ce modèle repose, comme celui de Popov, sur un tableau à double entrée reliant les intrants (les *inputs*) aux extrants (les *outputs*). Il permet de mesurer les interactions entre les différents secteurs économiques ainsi que l'ensemble des ressources intermédiaires consommées par chaque secteur. Son ambition est de mesurer, simuler et prévoir. Pour cela, il utilise des machines de plus en plus puissantes, permettant d'établir des corrélations entre les variables. Plus question d'expliquer. Seulement d'effectuer la vérification empirique de l'évolution parallèle de certaines données. C'est le rôle de l'économétrie, technique qui apparaît au même moment, sous l'impulsion, entre autres, de l'économiste américain Albert Cowles.

Parallèlement, et inspiré d'un même regard global sur l'économie, en 1935, l'Anglais John Maynard Keynes entend poser les conditions de l'équilibre, non plus entre chaque agent microéconomique comme l'avait fait Walras, mais entre des grandeurs globales, macroéconomiques, statistiquement mesurables. Cette théorie, exprimée d'abord de façon littéraire par Keynes, est modélisée en 1937 par l'économiste anglais John Hicks, qui la réduit à un modèle, dit IS/LM, qui entend faire le lien entre offre et demande agrégées afin de déterminer les relations invariantes entre le monde de la production et celui de la monnaie. Grâce aux machines, on peut en tester les hypothèses, en réalisant des analyses de corrélation. Et en déduire des prévisions sur les conséquences économiques de telle ou telle décision monétaire ou budgétaire. Pas encore d'en déduire des modèles de prévision économique.

Pendant la Seconde Guerre mondiale, les machines à cartes perforées laissent la place à des machines électroniques : à la fin des années 1950, IBM lance le premier disque dur, le IBM 350, pouvant contenir quelques mégaoctets dans un volume de près de 2 mètres cubes. Il réalise près de 1 million d'opérations par seconde. Les modèles microéconomiques et macroéconomiques se multiplient alors, utilisant ces progrès en statistique et en informatique. Ils mettent progressivement à profit les théories les plus avancées des mathématiques ; leur champ d'investigation s'étend bientôt au-delà de l'économie pure. Certains de ces modèles restent théoriques, comme ceux du Français Gérard Debreu ou de l'Américain Kenneth Arrow. D'autres sont plus opérationnels comme ceux de l'Américain Paul Samuelson ou du Français Edmond Malinvaud, qui s'efforcent de prévoir, à un an ou cinq ans, l'évolution quantifiée des grandes variables économiques de chaque pays, ou de grandes entreprises, en ne se servant plus que de lois économiques testées empiriquement par des comparaisons statistiques, et au moyen de machines de plus en plus puissantes.

En France en particulier, après la Seconde Guerre mondiale, on tente l'expérience d'une économie mixte. Pour éviter tant la mainmise du libéralisme américain que celle du collectivisme soviétique, la classe politique française tente une troisième voie, mêlant marché et planification. La planification n'y est, à la différence de l'Union soviétique, qu'indicative. Bertrand de Jouvenel, qui forge le concept de « prospective », explique qu'on peut parvenir à un « futur dominable » et éviter un « futur dominant ». Il aide notamment Pierre Massé, nommé commissaire général au Plan en 1959 par le général de Gaulle, à réfléchir aux « faits porteurs d'avenir » pour l'élaboration du Ve Plan, défini comme « l'anti-hasard ». Ces « faits », publiés en 1965, décrivent la France de 1985, avec, sur certains sujets, une précision qui se révélera stupéfiante : il prévoit ainsi avec exactitude le nombre de bacheliers, la réduction du temps de travail, la fréquentation des musées et la part de la consommation alimentaire et du logement dans les dépenses des ménages.

À la fin des années 1960 apparaît aussi l'idée qu'on peut modéliser l'économie mondiale dans son ensemble, non pas comme une juxtaposition de pays, mais comme un pays unique. Non pas selon le modèle de Walras, ni selon celui Keynes, mais en introduisant des variables spécifiquement globales et d'autres relations entre elles.

La première tentative de ce genre est menée en 1967 par Herman Kahn et Anthony Wiener dans *The Year 2000: A Framework for Speculation on the Next Thirty-Three Years*. Ils procèdent sans modèle mathématique, mais par la simple corrélation de points de vue d'experts, selon la méthode dite Delphi, qui peut être considérée comme un logiciel, proche des travaux de Pierre Massé. Kahn et Wiener en déduisent 135 prédictions, essentiellement technologiques, pour l'an 2000 ; des prédictions et non des prévisions, parce que, selon eux, ces évolutions sont parfaitement inéluctables. De fait, en 2000, 27 d'entre elles se sont pleinement réalisées et 22 partiellement. Depuis l'an 2000, beaucoup d'autres se sont réalisées ou sont en voie de l'être. Quelques-unes semblent encore aujourd'hui totalement hors de portée ou non recherchées : l'éclairage général artificiel des nuits, l'usage généralisé de dons paranormaux, l'accélération massive de l'apprentissage des langues, le rajeunissement massif, le vaccin universel, l'extension de l'espérance de vie au-delà de 150 ans, l'usage général de la cryogénie, la modification artificielle du système solaire, l'antigravité, le voyage interstellaire, l'installation de colonies sur la Lune ou sur d'autres planètes. On notera que rien dans la liste des prévisions de Kahn et Wiener n'annonçait Internet ou le téléphone mobile, et bien d'autres choses qui ont vraiment bouleversé notre quotidien. Rien non plus n'annonçait la montée du fondamentalisme religieux, de la puissance de l'Asie ou des dangers écologiques. Tout, en revanche, visait à montrer que la technologie allait résoudre tous les problèmes du monde.

La deuxième de ces prévisions est, elle, au contraire, extrêmement pessimiste : en 1968, dans son livre, *The Population Bomb*, le biologiste américain Paul R. Ehrlich, reprenant les prévisions de Malthus, annonce que, dans la décennie 1970, la croissance de la population et la stagnation des rendements agricoles provoqueront la mort par famine de centaines de millions de gens, dont 65 millions d'Américains, et la disparition totale de la population de la Grande-Bretagne en l'an 2000. En écrivant cela, il ne voit pas venir la « révolution verte », qui va résoudre provisoirement ce problème, en particulier en Inde, pour en créer ultérieurement bien d'autres.

En 1972 – alors que, presque seul au monde, un groupe d'architectes anglais constitué en 1963, « Archigram », annonce, dans ses maquettes utopiques, la prochaine naissance d'Internet –, une troisième tentative vise à prévoir encore l'évolution du monde. Elle est tout aussi alarmiste que celle d'Ehrlich. Sous le titre de « Halte à la croissance ? Rapport sur les limites de la croissance », elle est conduite par des chercheurs du MIT (Donella H. Meadows, Dennis L. Meadows, Jørgen Randers et William W. Behrens III) pour le compte d'un club appelé « Club de Rome ». À partir d'une modélisation s'inspirant des travaux de dynamique des systèmes d'un chercheur du MIT, Jay Forrester, ils établissent la corrélation, à l'échelle de la planète, entre cinq variables (les ressources alimentaires, les ressources naturelles non renouvelables, la production industrielle et le capital productif, les niveaux de pollution et leurs conséquences pour l'environnement, la population). Même si l'essentiel est une recherche de corrélations, celles-ci sont encore fondées sur l'intuition de causalités. Ils utilisent pour cela un programme informatique, World3, fondé sur quelques lois économiques simples (la quantité de terres cultivables est finie, les ressources naturelles non renouvelables sont de plus en plus rares) avec des relations causales simples entre les diverses parties du modèle (la pollution réduit l'espérance de vie des hommes et les rendements agricoles, mais l'utilisation de fertilisants améliore la production agricole et provoque la pollution). Ils en déduisent que, si la population et la consommation des ressources continuent de croître pendant encore trente ans au rythme de l'époque, les ressources disponibles seront épuisées vers l'an 2000, entraînant un déclin incontrôlable des conditions de vie et de la capacité industrielle du monde, et un effondrement de l'économie mondiale avant 2030. Selon le rapport, il est encore possible de l'éviter, à condition de réduire à zéro dès 1972 le rythme de croissance de la consommation des ressources rares et de s'orienter vers un développement écologiquement soutenable.

En 1976, la conception théorique de modèles microéconomiques est profondément modifiée par l'idée, introduite par l'Américain Robert Lucas, selon laquelle les anticipations rationnelles des agents modifient leur propre avenir et celui des autres. Autrement dit, si les agents pensent que quelque chose de nouveau se profile à l'horizon, ils vont, avant même sa survenue, modifier leurs comportements et donc cet avenir. Cette théorie dite des « anticipations rationnelles » envahit alors toute l'économie théorique et bouleverse la conception de la prévision économique : la prévision de l'avenir devient un acteur de celui-ci.

À partir de là, pendant quinze ans, les modèles tenant compte de ces avancées théoriques se sont multipliés, pour prévoir tout, dans tous les domaines, à la demande des États et des entreprises. Même si l'essentiel se résume à une recherche de simples corrélations, ces modèles prétendent souvent encore établir des relations de causalité. Ils invoquent des pseudo-lois qui ne se fondent que sur des relations statistiques, comme celle qui relierait le chômage et l'inflation ou l'offre de monnaie à l'évolution des prix.

Aujourd'hui, avec la fin de la planification soviétique, l'irruption imprévue de crises boursières, financières, économiques, militaires, la montée de la complexité et le règne croissant de l'immédiateté et de l'éphémère, ces modèles, mobilisant pourtant des machines de plus en plus puissantes et des statistiques de plus en plus précises, sont paradoxalement de moins en moins capables de prévoir quoi que ce soit : plus personne ne se risque plus d'ailleurs à dire quel sera l'avenir d'une firme ou d'un pays au-delà d'un an, sinon d'une façon volontariste, rarement prise au sérieux par les électeurs ou par les investisseurs auxquels ces prévisions s'adressent. Seuls subsistent ceux de ces modèles qui se risquent à des prévisions globales de très long terme en matière de démographie, de technologie, de ressources ou de climat. Parce que la simple prolongation de tendances y est crédible. Parce que, dans cinquante ans, nul ne sera plus là pour vérifier la validité de ces pronostics.

**Le retour du hasard
comme technique de prédiction**

Faute de théorie pour comprendre les causes reliant des phénomènes de plus en plus nombreux et interdépendants, les machines utilisent donc davantage de nouvelles techniques, fondées sur la simple recherche de corrélations et non plus de causalités. Des corrélations cependant si puissantes qu'elles semblent pérennes, jusque dans l'avenir. Sans qu'on cherche à en expliquer la raison. Des corrélations fondées sur des lois statistiques : le hasard, dans lequel on a cherché, pendant des millénaires, le mode d'expression du futur par le divin, réapparaît ainsi, tout autrement, dans des modèles bientôt si précis qu'ils se mueront en machines de prédiction. Elles y parviendront d'autant mieux que les moyens de calcul sont de plus en plus puissants : en 2014, la société SanDisk a présenté une carte SD d'une capacité de

512 giga-octets dans un volume de 1,5 centimètre cube. En 2015, des machines réalisent 35 millions de milliards d'opérations par seconde. Elles en feront vraisemblablement un milliard de milliards de milliards en 2050. Elles sont au service des nouveaux puissants – non plus les pouvoirs religieux, militaires et politiques, mais ceux qui gèrent l'essentiel de la modernité : les finances, la vie, la mort et la distraction. Et d'abord la finance.

Elles éclairent d'un jour nouveau les prévisions anciennes par le hasard, qui elles aussi cherchaient à dégager des probabilités, même si elles les habillaient de rites et de cérémonies.

Les prédictions sur les marchés financiers

L'anticipation de l'évolution de la valeur des titres financiers (actions, obligations et autres) est particulièrement cruciale pour ceux qui investissent sur les marchés. Et ils sont de plus en plus nombreux, de plus en plus puissants, car ils gèrent une part croissante de l'épargne de l'humanité. Ils façonnent de plus en plus son avenir. Ils consacrent des moyens considérables à élaborer des modèles, des logiciels et des machines, évaluant leurs probabilités de gains et de pertes en fonction de l'évolution qu'ils prévoient de ces valeurs. Ils en déduisent une stratégie, en fonction du montant qu'ils sont prêts à perdre et de la période pendant laquelle ils sont prêts à perdre avant de gagner. Ces méthodes sont les plus avancées aujourd'hui dans la prévision de l'avenir. On peut néanmoins survoler les pages suivantes si on les juge trop arides. Ces modèles se sont orientés dans trois directions : la recherche de structure de l'avenir (finance comportementale), la recherche de probabilités d'évolution (les variantes d'avenir) et, enfin, la recherche de corrélations (prédiction corrélative).

- **La finance comportementale**

On distingue d'abord les prévisions d'évolution du titre qu'on étudie (dites alpha) et les prévisions d'évolution du marché en général (dites beta). Il est évident que, pour investir dans une entreprise, il faut avoir une idée claire de son évolution propre et de celle de son environnement.

Pour mesurer les risques alpha (c'est-à-dire pour comprendre et capturer l'émergence ou le renversement de tendances pour une entreprise donnée), on a d'abord fait appel à deux méthodes simples, dites « comportementales » : la démarche technique et la démarche fondamentale.

L'« analyse technique » cherche à prévoir l'évolution de la valeur d'un titre d'une entreprise en analysant son histoire (comment le prix a-t-il varié ? quel volume a été échangé ?), et en tentant d'identifier des « structures » d'évolution de cette valeur susceptibles de se reproduire à l'avenir.

L'« analyse fondamentale » vise au contraire à mesurer la valeur intrinsèque d'un actif à partir d'un ensemble de facteurs économiques, financiers ou environnementaux, et prédit que la valeur de l'entreprise sur le marché finira par se rapprocher de sa valeur intrinsèque.

À ces deux types d'analyse comportementale s'ajoute l'analyse des biais psychologiques dans le comportement des acteurs. En particulier, les psychologues et mathématiciens Daniel Kahneman et Amos Tversky distinguent, dans une « théorie des perspectives », deux phases dans le processus mental d'analyse de l'avenir par un investisseur : une phase d'« édition », qui consiste en une analyse subjective des perspectives ; une phase d'« évaluation », qui consiste à pondérer les perspectives en fonction de leur probabilité d'occurrence. Dans cette phase, certains négligent des informations qui ne correspondent pas à leurs attentes, jusqu'à ce que les « attentes du marché [soient] si éloignées de la réalité que les acteurs sont obligés de reconnaître leur erreur » (George Soros). Certains se contentent d'imiter les autres, nuisant à la réalisation de leur propre prédiction. D'autres encore craignent tellement une perte qu'ils sont prêts à limiter leurs gains en vendant un actif dont le prix monte et à se débarrasser au plus vite d'un actif dont le prix chute.

Ces méthodes se font de plus en plus sophistiquées avec ce qu'on nomme aujourd'hui le « smart beta », qui consiste à investir non sur une entreprise ni sur le marché dans son ensemble, mais sur des sous-ensembles particuliers d'entreprises dont il est raisonnable d'imaginer que la valeur augmentera plus vite à l'avenir que le marché en général.

Ces méthodes dites « comportementales » sont utilisées par les fonds traditionnels (les *long-only*) et par de nombreux fonds spéculatifs, dont les *commodity trade advisors*. L'ambition de ces fonds est de détecter au plus vite des tendances d'évolution des valeurs des titres d'une entreprise ou des marchés, même très fugaces, au moment même où elles émergent ; comme un surfeur identifie une vague qui se forme, pour en tirer le meilleur parti ; cela les conduit, sur des marchés très volatils, à s'exposer à de lourdes pertes, s'ils ne perçoivent pas à temps un retournement de tendance, qui peut être extrêmement rapide.

- **Les variations de l'avenir autour d'une moyenne**

Un deuxième modèle consiste à chercher à évaluer l'évolution du cours d'un titre d'une entreprise selon les lois de la probabilité, en prenant l'hypothèse que la probabilité de chaque avenir est d'autant plus grande qu'elle s'approche d'une situation moyenne jugée invariante. Les premiers à y avoir travaillé ont été Jules Regnault (*Calcul des chances et philosophie de la Bourse*) en 1863, et Louis Bachelier (*Théorie de la spéculation*) en 1900, qui affirment : « Il est possible d'étudier mathématiquement l'état statique du marché à un instant donné, c'est-à-dire d'établir la loi de probabilité des variations de cours qu'admet à cet instant le marché. » Autrement dit, selon Bachelier, la variation probable du prix d'un actif (son cours) entre deux instants obéit à une « loi normale centrée », c'est-à-dire que la probabilité d'un prix donné suit une courbe en cloche (dite « de Gauss »), où les prix à venir les plus probables sont les plus proches de la moyenne, avec, à gauche de la courbe, les pertes les plus élevées et, à droite, les gains les plus extrêmes. La probabilité de voir le cours futur de l'action se rapprocher de la valeur moyenne augmente au fur et à mesure qu'on s'éloigne dans le temps du dernier moment où elle a été égale à cette valeur moyenne.

Ces approches ont permis de prédire l'avenir des cours par temps calme sur les marchés, quand les cours d'un titre oscillaient autour d'une même moyenne. Elles n'ont en revanche pas permis d'anticiper les grandes ruptures sur les marchés. Ainsi, étudiant les variations journalières de l'indice boursier de New York entre 1916 et 2003, le mathématicien Benoît Mandelbrot, inventeur de la théorie des fractales, a montré en 2009 que ces modèles sous-estimaient les « variations de grande ampleur » : « La théorie prétend que, sur cette période, on devrait avoir 48 jours correspondant à des variations du Dow Jones supérieures à 3,4 % ; en fait, elles sont au nombre de 1 001. La théorie prédit six jours où l'indice varierait de plus de 4,5 % ; en fait, il y en eut 366. Et une variation supérieure de 7 % ne devrait se produire qu'une fois tous les 300 000 ans ; et, pourtant, le XXe siècle en vit 48. » Pour Mandelbrot, un tel modèle n'est donc pas réaliste, car il arrive très souvent que le prix d'un actif s'éloigne brutalement du centre de la distribution. Et ce type d'événement survient beaucoup plus souvent dans le monde réel que ce que la distribution normale des probabilités, selon la courbe dite « de Gauss », permet de le prédire. Aussi, utiliser une distribution normale des probabilités des divers avenirs conduit à sous-estimer la probabilité d'événements extrêmes. Mandelbrot ajoute : « Les marchés réels sont sauvages. Les fluctuations des cours sont à faire dresser les cheveux sur la tête – et, de fait, bien plus importantes et bien plus préjudiciables que les variations bénignes de la finance orthodoxe... Chaque fois que l'hypothèse de la courbe en cloche entre dans des calculs financiers, l'erreur est potentiellement à la sortie. »

Poursuivant cette analyse aujourd'hui, le mathématicien et épistémologue libano-américain Nassim Nicholas Taleb distingue le « Médiocristan » où on peut utiliser la loi normale, et l'« Extrêmistan » où peuvent surgir des « cygnes noirs ». Pour lui, comme pour son maître Mandelbrot, « l'omniprésence du système gaussien n'est pas une propriété du monde, c'est un problème qui se trouve dans notre esprit, et qui est dû à la façon dont nous regardons le monde ».

Ces approches probabilistes fondées sur la loi normale sont encore pourtant largement utilisées par les fonds et les traders qui traitent de produits dérivés (option d'achat et de vente, *swap*) et qui doivent donc, pour le compte des investisseurs, définir le prix de ces produits et, pour cela, prévoir l'évolution de leurs valeurs. Pour le faire, malgré leurs faiblesses, ils continuent d'utiliser des modèles gaussiens, c'est-à-dire décrivant la probabilité des valeurs du produit financier selon une courbe en cloche, qu'ils modifient parfois substantiellement, en amplifiant la probabilité de l'occurrence de perte, c'est-à-dire en grossissant la partie gauche de la courbe de Gauss, au détriment de sa partie droite. Ils en déduisent une espérance probable de gain et donc un prix.

- **La prédiction corrélative des comportements**

Un troisième modèle de prévision de l'évolution à venir des marchés, beaucoup plus prometteur, utilise désormais les corrélations. Ce modèle a été récemment mis au point pour prédire l'évolution des marchés financiers en se fondant non plus sur des recherches de causalités, trop difficiles à établir, ni même sur des analyses de corrélations probabilistes, dont on a vu l'instabilité, mais en se résignant à se fier à de simples corrélations, c'est-à-dire des simultanéités, intuitivement justifiées, entre l'évolution de la valeur des titres et des événements répertoriables. Mieux encore si on parvient à établir une corrélation entre la valeur du titre à un moment donné et un événement antérieur. On en arrive à prévoir, à prédire même. À s'en remettre à nouveau au dieu Hasard.

Ces techniques n'en sont qu'à leurs débuts. En voici quelques exemples : en utilisant Google Trends, qui permet de connaître la fréquence à laquelle une requête a été soumise par les internautes du monde entier sur Google, Tobias Preis a établi qu'une recherche massive portant sur 98 termes financiers précède toujours des baisses importantes sur les marchés financiers ; et qu'il existe une corrélation entre les pics de lecture de certains articles sur Wikipédia certains jours et des modifications de tendance sur certains titres les jours suivants. Cette corrélation, de bon sens, est alors utilisée de façon prédictive, en faisant l'hypothèse que la lecture d'articles sur Google précède la décision d'investir ou de désinvestir. Dans une étude intitulée « Twitter mood predicts the stock market », J. Bollen, H. Mao, X. Zeng ont remarqué aussi qu'il existe une corrélation entre la « tonalité » des messages postés sur Twitter et les variations ultérieures du Dow Jones.

La « tonalité » est mesurée quantitativement par un algorithme nommé Google-Profile of Mood States (GPMS), qui répartit les messages en six catégories (Calm, Alert, Sure, Vital, Kind et Happy). Selon eux, la tonalité de messages dits « Calm » entre J-6 et J-2 est statistiquement corrélée aux variations du cours au jour J. Autrement dit, on peut prévoir ainsi l'évolution des cours avec deux jours d'avance.

En 2011, la compagnie Derwent Capital Markets a même créé un hedge fund expérimental spécialisé dans l'analyse de Twitter, dont le rendement fut supérieur à la moyenne du marché et des autres hedge funds.

Les « statuts Facebook » publiés par tout un chacun recèlent des informations sur la manière de vivre et le sentiment de plénitude de l'utilisateur. Certains logiciels, à l'instar du Linguistic Inquiry and Word Count, sont capables d'analyser le contenu d'un texte et d'en déduire le degré d'émotions positives ou négatives présentes dans le message. Il est alors envisageable d'attribuer à chaque statut Facebook une note d'humeur, positive et négative. En réalisant ce processus sur l'ensemble des messages et en agrégeant les résultats, on peut alors obtenir un indice « optimisme » et un indice « pessimisme », puis, en les retranchant, on peut former un « indice de bonheur » décrivant le ressenti de la société.

Comme il est impossible, pour un utilisateur extérieur, d'analyser les statuts d'une population tout entière (car les statuts sont généralement accessibles au seul réseau proche, pour protéger la vie privée des utilisateurs), Facebook fournit jour après jour un indice global par pays, le Facebook's Gross National Happiness (GNH). D'abord limité aux États-Unis, ce calcul est désormais effectué par Facebook dans de nombreux pays. Les jours de fête (Noël, Thanksgiving, etc.) sont en particulier associés à des niveaux très élevés de GNH, symbole de la pertinence de l'indice.

Dans un article intitulé « Can Facebook Predict Stock Market Activity ? », le chercheur américain Yigitcan Karabulut a analysé le lien entre cet indice de bonheur et les indices boursiers, en utilisant des données concernant les États-Unis et recueillies entre septembre 2007 et septembre 2011. Statistiquement, plus le GNH est élevé la veille, plus les hausses des titres des entreprises sont fortes le lendemain. Ce constat est d'autant plus vrai que la capitalisation boursière de l'entreprise est petite. Peut-être parce que ces firmes attirent des petits investisseurs, plus influencés que les machines par leurs propres sentiments.

La croissance vertigineuse des puissances de calcul laisse attendre que bien d'autres domaines seront bientôt accessibles à cette prédiction des comportements, par corrélations de variables rationnellement liées ou totalement distinctes. Des domaines tous reliés de près ou de loin aux enjeux de la vie, pour la vivre ou pour l'oublier. Tous liés aussi au meilleur usage du temps, dont il s'agit de prévoir, ou de prédire, comment il sera occupé ou menacé. En voici quelques exemples.

La prédiction de la vie des gens

Depuis toujours, la médecine ne s'est pas contentée de proposer un diagnostic. Elle a fourni des pronostics. Ces méthodes ont fait d'énormes progrès quand il a commencé à être possible de prévoir quel serait le sexe de l'enfant à naître par échographie, de dépister une maladie par examen du sang, ou de faire l'analyse des corrélations entre la présence d'un chromosome et le sexe de l'enfant, ou celle d'une anomalie génétique et telle ou telle prédisposition à une maladie.

La prévision du sexe a d'ailleurs entraîné d'innombrables choix, qui laissent penser que la planète comptera bientôt beaucoup plus de garçons que de filles.

Il commence à être possible de prévoir le destin de chacun face à la maladie. Si le diagnostic reste lié aux progrès du savoir médical, le pronostic n'est pas seulement le résultat d'une connaissance approfondie des causes de chaque pathologie, mais aussi de la prise en compte de corrélations statistiques établies sur un grand nombre de cas dans le passé.

D'abord, avec la chute des coûts du décryptage du génome (quelques centaines de dollars en 2015, contre 2,7 milliards pour le premier en 2003), il est possible d'évaluer statistiquement, dès avant la naissance, par corrélation, la probabilité d'occurrence de certaines maladies curables ou incurables.

Parmi les maladies curables, on peut désormais prédire la potentialité d'une phénylcétonurie (anomalie du métabolisme marquée par l'absence de l'enzyme responsable de la transformation de l'acide aminé phénylalanine, qui provoque un retard de développement mental), qui peut être corrigée par un régime alimentaire dès le plus jeune âge. C'est cette anomalie qu'on contrôle par ailleurs systématiquement lors du troisième jour de vie d'un nourrisson, au moyen du « test de Guthrie ». La même goutte de sang, issue du même test, permet aussi de déceler la drépanocytose, ou anémie falciforme, qui peut ainsi faire l'objet d'un traitement préventif. Cette maladie génétique concerne plus de 50 millions de personnes dans le monde.

De même, on peut déceler l'hypothyroïdie, qui peut être compensée par l'injection de doses orales d'hormones thyroïdiennes.

La génétique permet aussi de prédire des maladies encore aujourd'hui incurables : le gène responsable de la formation de l'apolipoprotéine E (ApoE), par exemple, peut porter une mutation, synonyme d'un bagage génétique propice au développement de certaines formes de la maladie d'Alzheimer.

Depuis 1993, il existe un test génétique prédictif pour déceler la probabilité de la venue de la maladie de Huntington par une répétition trop importante de la séquence CAG, associée à la glutamine sur la protéine huntingtine. On peut aussi déceler la probabilité d'occurrence de la maladie de Parkinson (aujourd'hui encore incurable), notamment par une mutation du gène LRRK2. Et la société Premaitha Health propose une technique non invasive qui permet de détecter les trisomies 13, 18 et 21 chez les fœtus en étudiant le sang de la femme enceinte, évitant ainsi le risque de fausse couche que peut provoquer l'amniosynthèse.

Des méthodes statistiques permettent aussi de prédire, par le jeu des corrélations, l'occurrence de certaines maladies. Ainsi, l'indice IndiGo (fondé sur la mesure de la pression artérielle, l'historique médical, l'indice de masse corporelle, le mode de vie et le taux de cholestérol) permet de mesurer, par corrélations de bases de données, le risque à cinq ans d'attaque cardiaque et des évolutions en fonction du traitement et du changement de mode de vie.

Un autre modèle d'analyse, élaboré par l'assureur Kaiser Permanente, identifie, en fonction de certains comportements, la probabilité de démence pour des personnes diabétiques (qui ont deux fois plus de risque de développer une démence qu'une personne non atteinte). Une autre étude récente publiée par BioMedCentral montre qu'il est possible d'identifier en amont les personnes diabétiques de type 2, réduisant le délai entre diagnostic et traitement.

L'armée américaine a développé un modèle d'analyse prédictive (l'algorithme STARRS, Study to Assess Risk and Resilience in Servicemembers) pour déterminer ceux des militaires et des anciens combattants les plus susceptibles de se suicider, en prenant en considération 300 facteurs (consommation de médicaments, historique de comportement, expérience militaire, âge de l'enrôlement, conflits avec des dirigeants, quotient intellectuel, etc.).

L'université de Californie à Davis travaille sur un algorithme mesurant le risque de septicémie des heures avant que les médecins ne l'identifient, grâce aux dossiers de santé.

On peut aussi prévoir, de la même façon, la probabilité d'occurrence des problèmes de santé publique : des chercheurs suédois du Karolinska Institute ont trouvé une corrélation entre le trafic sur le site Internet du conseil médical régional entre 18 heures et minuit et le nombre de visites aux urgences des hôpitaux de la région le lendemain.

Des chercheurs de l'université d'Arizona et du Centre d'innovation clinique Parkland de Dallas ont aussi mis en évidence une corrélation entre le nombre de tweets liés à l'asthme (grâce aux mots-clés « asthme » et « inhalateur ») et le nombre de visites ultérieures aux urgences de l'hôpital : leur algorithme est capable de prédire avec 75 % de précision si les urgences vont recevoir un nombre faible, moyen ou important de visiteurs.

John Brownstein, professeur de pédiatrie à la Harvard Medical School, a créé un algorithme capable de prédire une épidémie de grippe à partir du nombre des visites des pages liées à cette maladie sur Wikipédia.

Une équipe de l'hôpital pour enfants de Boston a mis au point Healthmap, un algorithme agrégeant des données publiques de l'OMS, Google News, de la FAO, de Baidu News, qui aurait détecté la propagation d'Ebola neuf jours avant son annonce officielle par l'OMS.

Un marché commence à se développer pour ces logiciels : la firme SalesPredict, créée par Kira Radinsky, se prétend capable de prévoir 90 % des risques épidémiques sur 30 % d'entre les pathologies.

Ainsi sont même nées des machines de prédiction, bien plus puissantes et tout aussi addictives que les horoscopes, qui donnent à chacun la mesure de son espérance de vie en fonction du suivi de son activité physique, de sa nourriture, etc.

Ces « autosurveilleurs » seront bientôt complétés de prothèses d'analyses sanguines puis génétiques permanentes et non invasives. La précision de ces machines transformera bientôt ces corrélations en prédiction. Ces données ne resteront pas confidentielles : les compagnies d'assurances fixeront alors les primes d'assurances à partir de leurs résultats, mesurant la valeur attendue de l'espérance de vie résiduelle en fonction de l'attitude que chacun aura à l'égard de sa propre prévention.

Quand notre santé à venir sera connue, quand nos gènes seront analysables, qui décidera de mettre au monde un enfant en se sachant porteur d'une maladie qu'il lui transmettra à coup sûr ? Qui acceptera encore le handicap ? Qui aura les moyens de payer pour savoir s'il est porteur d'une maladie curable ? L'épisode de la double mastectomie préventive d'Angelina Jolie, qui a fait la une des médias en 2013, dédramatise le sujet mais rappelle que la médecine prédictive n'est pour le moment accessible qu'aux stars hollywoodiennes…

La prédiction de la vie des machines

La maintenance prédictive des machines s'apparentera alors de plus en plus à la prédiction de la vie des gens. Parce que nous ressemblerons de plus en plus à des machines, et réciproquement. Comme un médecin qui analyserait les signes précurseurs d'une maladie pour pouvoir la stopper avant qu'elle advienne, certains symptômes anormaux permettent de prédire quand telle ou telle pièce va cesser de fonctionner, et d'en déduire la durée de vie résiduelle de l'objet.

La maintenance prédictive représente un enjeu économique considérable. Prévoir qu'une machine connaîtra une panne dans les prochaines semaines permet de commander à temps les pièces de rechange. Le temps d'inactivité de la machine sera réduit et on pourra éviter tout dysfonctionnement du processus de production.

Par exemple dans l'industrie aéronautique, et notamment pour les compagnies aériennes, la maintenance et l'immobilisation d'un avion au sol sont à la fois très coûteuses et inévitables. Aux débuts de l'aéronautique, des techniciens effectuaient des mesures acoustiques, thermiques ou vibratoires et, en comparant leurs résultats au cas d'école fourni par le guide d'utilisation, pouvaient estimer quand une pièce allait faire défaut. Des capteurs automatiques et des logiciels d'assistance par ordinateur sont ensuite venus faciliter les contrôles. De nouveaux paramètres comme l'usage (durée d'utilisation, matériel utilisé…) ont pu être intégrés. Il est même désormais possible de suivre en direct pendant le vol la probabilité de voir une pièce faire défaut.

Plus généralement, il existe maintenant des logiciels prédictifs de l'évolution des machines. Ainsi, le logiciel « Predictive Maintenance and Quality » d'IBM analyse en direct un nombre considérable d'informations concernant l'utilisation ou l'état actuel d'une machine. Il en déduit la probabilité de sa panne. Ce logiciel aurait déjà permis par exemple d'augmenter de 25 % la productivité de la ligne d'assemblage des culasses d'un moteur chez Daimler.

La prédictibilité de l'espérance de vie des machines va faire énormément de progrès avec l'installation progressive de capteurs nanométriques dans les matériaux ; ils permettront de calculer leur durée de vie et de la programmer. Cela s'appliquera aussi aux ponts, aux immeubles, aux usines, aux machines et à tout artefact.

La prédiction des tremblements de terre

Alors que le premier sismographe apparaît en 132 de notre ère, en Chine, les hypothèses les plus farfelues sur les causes des tremblements de terre se succèdent au cours des siècles, passant de l'explosion souterraine de gaz (prônée par Gassendi au XVIIe siècle et par Kant après le séisme de Lisbonne de 1755) à l'électricité, dans la seconde moitié du XVIIIe siècle. Il faut attendre la toute fin du XVIIIe pour voir poindre les prémices de ce qui deviendra la théorie de la tectonique des plaques. Et c'est en 1935 qu'est inventée la mesure de la puissance des séismes par Charles Richter.

La prévision moderne vise à identifier les failles susceptibles de déclencher un séisme et à estimer leur probabilité d'occurrence grâce à l'étude de corrélations entre des données historiques, géologiques et tectoniques. Elle permet de constituer une liste des zones à risques et de diminuer la vulnérabilité d'une région en y instaurant des normes exigeantes de construction.

La méthode VAN (acronyme des noms de trois chercheurs grecs), développée en 1980, observe les variations naturelles de résistivité dans les sous-sols à l'aide d'électrodes insérées dans la terre en vue d'identifier des signaux électriques anormaux et d'en déduire, par corrélation, la probabilité d'un tremblement de terre. Cette méthode permet, dans certains cas, de prévoir trois semaines à l'avance des séismes de magnitude supérieure à 5. Ces chercheurs ont notamment annoncé, avec cette méthode, en 1995, la probabilité d'un prochain séisme de magnitude 6 à deux cents kilomètres à l'ouest d'Athènes. Il eut lieu deux semaines plus tard, à trois cents kilomètres au nord-ouest avec une magnitude 6,6.

D'autres tremblements de terre à venir semblent certains, sans qu'on puisse en prédire la date.

Le séisme de 2010 à Haïti d'une magnitude 7,0 à 7,3, responsable de plus de 230 000 morts et de dégâts matériels considérables, était lui aussi prévu des années auparavant, mais sans précision de date.

Comme est répertorié le très probable tremblement de terre qui surviendra un jour en Californie, sur la faille de San Andreas.

Dans les pays riches, ces analyses ont conduit à la mise en place de mesures préventives, par exemple dans les normes de construction, que certains pays ou quartiers moins développés n'ont pu mettre en œuvre.

Enfin, la prédiction à très court terme d'un tremblement de terre s'appuie sur l'identification de signes précurseurs tels que des mouvements du sol (détectables avec des sismomètres) ; l'ouverture de microfissures ; le dégagement de radon (un gaz rare) ; et, surtout, le comportement d'animaux : chevaux arrêtant de s'alimenter et tentant de s'enfuir, bétail cherchant à se réfugier dans les hauteurs, apparition de rats. Des chercheurs chinois ont ainsi identifié 58 espèces d'animaux ayant un comportement susceptible d'annoncer l'imminence un tremblement de terre : à la mi-janvier 1975, dans la province de Liaoning, le comportement des animaux a permis d'anticiper un séisme d'une magnitude 7,4 et d'éviter un très grand nombre de victimes.

La prévision des cyclones

En octobre 1743, Benjamin Franklin est le premier à émettre l'hypothèse que les cyclones ne suivent pas forcément la direction du vent. Dove (1821) et Redfield (1831) discernent le caractère

« tourbillonnant » des cyclones. Le premier à imaginer un système de prévision des cyclones tropicaux est le lieutenant-colonel américain William Reid, lors de l'une de ses missions à la Barbade en 1847. En 1870, à Cuba, Benito Viñes, un prêtre jésuite, estime qu'il existe une corrélation entre le mouvement de certains nuages et la position de la tempête, ce qui lui permit de prédire, le 12 septembre 1875, qu'un cyclone allait s'abattre sur Cuba.

Grâce à des travaux menés tout au long du XXe siècle, on sait désormais que les cyclones tropicaux se forment dans des conditions très particulières de température, d'humidité, de pression, de force et d'orientation des vents. Dès lors que le phénomène était compris, et que les communications et les mesures de données s'étaient multipliées, des méthodes de prévision de plus en plus précises ont pu naître.

Grâce aux satellites, l'analyse des cyclones a connu d'immenses progrès, cette fois plus par des analyses de corrélations que de causalités : en 1960, grâce à Tiros-1, le premier satellite météorologique, un typhon en formation a ainsi pu être mis en évidence non loin de l'Australie.

Des modèles de prévisions mathématiques se sont alors développés : certains cherchent des corrélations avec des cyclones passés ; d'autres prennent en compte des paramètres (température, pression, vent…) pour estimer la trajectoire la plus probable.

À La Nouvelle-Orléans, des spécialistes ont modélisé en 2004 les conséquences que pourrait avoir un cyclone de catégorie 3 (sur une échelle d'intensité des cyclones dite de Saffir-Simpson) : l'eau du lac Pontchartrain passerait par-dessus les digues et inonderait la ville. C'est exactement ce qui se produisit l'année suivante, en août 2005, lorsque survint le cyclone Katrina, de catégorie 5. La trajectoire de Katrina ayant été prévue, une évacuation de la ville fut mise en place à temps ; mais, faute de moyens de transport dans certains quartiers, des milliers d'habitants ne purent être évacués. L'ouragan provoqua 1 836 morts, rappelant à qui l'aurait oublié que la prévision est un outil de pouvoir, au service, d'abord, des plus riches.

La prédiction du climat

Cette très ancienne activité de prévision bascule en 1960 entre les mains des machines, avec la mise en orbite du premier satellite météorologique Tiros-1 ; puis, en 1977 avec celle du premier satellite géostationnaire européen Meteosat.

La prévision à quelques minutes s'appuie désormais sur les observations des images satellitaires notamment, analysées par un modèle numérique (Arome, chez Météo France, qui dispose d'une maille de 1,3 kilomètre).

Les prévisions des prochaines heures et jours utilisent des modèles numériques simulant l'évolution de l'atmosphère, à partir d'observations satellitaires en temps réel et de corrélations avec des situations analogues dans le passé.

Pour des échéances supérieures à quatre ou cinq jours, les météorologues ont recours à des modèles probabilistes, après élaboration de plusieurs scénarios. Plus un événement météorologique apparaît dans tous les scénarios, plus sa probabilité de réalisation est élevée. L'atmosphère est découpée en zones de quelques dizaines à centaines de kilomètres. À chaque intersection de ce maillage, on attribue des valeurs de départ aux divers paramètres. Les modèles calculent la manière dont évolueront, dans chaque zone, la température, la pression de l'air, les précipitations, grâce aux lois physiques, thermodynamiques et à celles de la mécanique des fluides.

Pour les prévisions à très long terme, le Groupement d'experts intergouvernemental sur l'évolution du climat (GIEC) dispose de modèles empiriques. Il les estime « plutôt fiables », même si certains éléments sont plus difficiles à estimer (les précipitations) que d'autres (les températures), si la puissance des ordinateurs est encore insuffisante et même si le manque de connaissances scientifiques sur certains points ne permet qu'une approche approximative de phénomènes apparemment mineurs, tels les nuages, mais influant sur l'ensemble du processus. Pour améliorer la prévision du climat à très long terme, il faudrait réaliser un découpage kilométrique de la Terre, ce qui suppose des ordinateurs qui seront en service au début des années 2020.

LA MAÎTRISE DU HASARD, POUVOIR DES MACHINES

La prédiction des crimes

Les technologies numériques permettent aussi de prédire certains comportements criminels, en utilisant, là encore, des algorithmes mathématiques fondés sur des corrélations entre bases de données.

Inspiré par un logiciel de prédiction sismique, le système proposé par la société PredPol permet, par une analyse continue des rapports de police, de prédire les zones (des carrés d'environ 150 mètres sur 150) où des crimes ou délits sont susceptibles d'avoir lieu. Les policiers sur le terrain ayant accès en direct aux prévisions du logiciel peuvent alors adapter leurs itinéraires de patrouille. À Modesto, en Californie, ce système aurait contribué à réduire le nombre des cambriolages chez les particuliers de 18 % et de 13 % chez les commerçants, depuis sa mise en œuvre en janvier 2014.

Par ailleurs, en corrélant des données sur l'utilisation du réseau mobile et des indicateurs démographiques, il est possible de prédire le lieu où un crime a le plus de risque d'être commis. En France, le logiciel de surveillance urbaine Edicia permet ainsi aux habitants d'une ville qui l'utilise de signaler d'éventuelles menaces via une application mobile. De même, par l'analyse d'événements ou de rumeurs sur des réseaux sociaux, on peut évaluer le degré de risque dans un lieu ; des résultats expérimentaux, fondés sur les données criminelles de Londres, montrent qu'un modèle de ce genre décèle le caractère criminogène d'une zone avec une précision de 70 %. Les chercheurs du Predictive Technology Lab de l'université de Virginie ont ainsi établi des corrélations entre les données liées aux crimes ayant eu lieu entre le 1er janvier et le 31 mars 2013 à Chicago et 1,5 million de tweets (comprenant la position GPS de l'usager, et faisant référence à une situation à risque, par exemple, traitant d'une consommation excessive d'alcool). Cela a permis de prévoir l'occurrence de 19 types de crimes sur une typologie en 25 types.

L'université de Pennsylvanie à Philadelphie travaille sur un algorithme qui serait capable de prédire la prochaine victime d'un homicide en se fondant sur la corrélation entre diverses données, incluant notamment les rapports des commissariats locaux.

À Milan, une fois identifiés la méthode et les habitudes d'un malfaiteur en série inconnu, le logiciel Key Crime permet de prédire les circonstances et le lieu d'une future récidive. Le programme n'a pas besoin de connaître l'état civil du criminel mais cherche à le prendre sur le fait, par l'examen de son comportement. Pour chaque délit, les policiers enregistrent des centaines d'informations à partir, notamment, de témoignages et de bandes vidéo, afin d'établir la « signature criminelle » du malfaiteur. Le logiciel est donc capable, lorsqu'un suspect est arrêté, de lui imputer des affaires non élucidées. Grâce à Key Crime, le taux d'élucidation des braquages a augmenté de 27 % à 45 % en un an. Plus encore, ce logiciel a réussi à prédire le lieu, l'horaire et l'arme du futur braquage d'une pharmacie dans le centre de Milan, si bien que des agents de la brigade milanaise se trouvaient sur les lieux et ont arrêté les deux braqueurs en flagrant délit.

D'autres méthodes examinent les comportements d'éventuels suspects. Aux États-Unis, les aéroports utilisent le programme SPOT (Screening of Passengers by Observation Techniques) : des agents spécialement formés détectent des comportements établis comme suspects par des corrélations – stress, tremblement, heure d'arrivée du vol, comportement à l'approche du contrôle.

Le département de la Sécurité intérieure américaine travaille sur un projet nommé FAST (Future Attribute Screening Technology) visant à identifier et à interpréter certaines attitudes suspectes, en surveillant, par l'intermédiaire de capteurs biométriques ou à distance, la fréquence cardiaque, le mouvement des yeux, la température du corps et le langage corporel.

La prédiction du trafic routier

Une des situations dont la prédiction est la plus nécessaire dans la vie quotidienne est le trafic routier : combien de temps vais-je mettre pour aller à tel endroit ? Puis-je le réduire en prenant un autre chemin ? Bien des logiciels répondent aujourd'hui à ces questions.

PEUT-ON PRÉVOIR L'AVENIR ?

Au premier rang des fournisseurs de ces prévisions se trouvent parfois les services publics (tel, en France, le Centre national d'information routière), dont les logiciels émettent des prévisions en se fondant sur l'historique des dix dernières années du trafic (embouteillage et volume de la circulation), relevé par des stations de comptage réparties sur les grands axes routiers. Un modèle mathématique adapte ces données aux particularités de l'année (date des jours fériés, conditions météo) et prévoit à chaque instant les embouteillages classés rouge, orange ou vert en fonction du nombre d'automobilistes susceptibles de prendre la route.

D'autres logiciels, complètement différents, collaboratifs, permettent d'estimer la durée d'un trajet pour chaque voiture à chaque instant. Parmi eux, le plus emblématique, Waze, a été mis au point par une start-up israélienne, rachetée par Google en 2013. Tous les conducteurs inscrits sur Waze sont incités par des primes à faire connaître à l'application un ralentissement, un accident, un embouteillage, confirmé ensuite par les voitures suivantes ; l'application enregistre aussi la localisation et la vitesse de tous les utilisateurs connectés. Waze en déduit l'état du trafic sur la route empruntée par le conducteur, annonce la durée du trajet et propose des itinéraires de déviation. Grâce aux informations recueillies, l'application peut déduire des statistiques pour chaque itinéraire possible et améliorer en permanence son algorithme.

Waze participe à la naissance de la prédiction collaborative, où chacun est, et sera de plus en plus, mis à contribution pour améliorer la prévision, pour lui et pour les autres, dans tous les domaines, du trafic routier au crime, de la santé au terrorisme.

Puis, quand viendra la voiture autonome, un système de guidage et de prévision y sera intégré, les véhicules communiqueront directement entre eux, participant à la prédiction par des machines du comportement d'autres machines.

Le profil prédictif de consommation

Les entreprises de distribution, aidées de logiciels spécialisés, déterminent elles aussi un profil prédictif de chaque consommateur, prévoient ce qu'il pourrait vouloir consommer et ajustent en conséquence leurs publicités.

De nombreuses sociétés déterminent le profil de chaque internaute, après analyse des *cookies* installés sur son ordinateur et d'autres données (nom, prénom, adresse, date de naissance, adresse e-mail, etc.), pour permettre aux sites marchands d'adapter leur prix, et leurs publicités, en temps réel, en fonction des ressources et des désirs estimés de chaque internaute connecté. Dès qu'un internaute se connecte sur un site, son profil est établi grâce à des bases de données, et les annonceurs sont avertis en un millième de seconde qu'ils peuvent enchérir pour obtenir un encart publicitaire correspondant aux centres d'intérêt du visiteur. Quelques millisecondes plus tard, un annonceur emporte l'enchère et une publicité en lien avec les intérêts supposés de l'internaute apparaît sur la page visitée.

D'autres sociétés organisent elles-mêmes la publicité sur leur propre site. Par exemple, Facebook peut déterminer le comportement prédictif de consommation de ses membres en se fondant notamment sur les informations qu'ils ont données lors de la constitution de leur profil (nom, prénom, âge, sexe, localisation), et en utilisant aussi les pages sur lesquelles l'utilisateur a apposé un « like », et les données relatives aux visites sur tous les sites partenaires.

Ainsi, Amazon et d'autres suggèrent des produits aux visiteurs de ses sites en fonction de leurs dernières commandes et de celles d'autres clients ayant procédé aux mêmes achats.

Google affiche sur son propre site des publicités personnalisées en lien avec les recherches préalablement effectuées par l'internaute à l'aide de son moteur de recherche ; il développe aussi des algorithmes analysant le contenu des mails sur son service de messagerie Gmail afin d'extrapoler les passions, les envies ou la situation de l'internaute, prédisant sa situation future et lui proposant des produits susceptibles de l'intéresser.

Twitter déduit l'âge, le sexe, les centres d'intérêt de ses utilisateurs anonymes grâce à des corrélations entre leurs tweets et l'ensemble des applications présentes sur les téléphones des utilisateurs de Twitter fonctionnant sous Android ou iOS ; il peut alors leur proposer des tweets sponsorisés ciblés.

La société Amscreen a développé le système OptimEyes qui scanne les visages des clients des grandes surfaces et en déduit leur âge et leur sexe. Tesco a installé ce système dans 450 stations-service au Royaume-Uni afin d'adapter les messages des écrans publicitaires en fonction des profils des personnes attendant d'être servies.

Le consommateur donne gratuitement toutes les informations le concernant, recevant en échange des conseils et des prescriptions. On peut imaginer cette manipulation prédictive allant beaucoup plus loin, en politique par exemple. Menace une dictature prédictive.

Les jeux de stratégie

À côté de la finance, de la vie, du transport, de la production et de la consommation, un autre domaine de prévision lié lui aussi à l'usage du temps est de plus en plus essentiel : la distraction. Et les jeux de stratégie, dont on a vu qu'ils constituent depuis longtemps un processus d'apprentissage de l'art de prévoir, passent eux aussi de plus en plus sous le contrôle de machines, capables d'analyser en un temps record l'ensemble des avenirs possibles et de choisir en conséquence à chaque fois la stratégie optimale ; les machines contribuent, là aussi, à organiser l'avenir, et remplacent les hommes dans cette fonction.

D'abord, les jeux de stratégie anciens sont bouleversés par les machines.

On a cherché longtemps une machine qui serait capable de battre l'homme aux jeux d'échecs. Vers 1770, un certain Johann Wolfgang von Kempelen prétend déjà avoir mis au point une telle machine, dénommée le « Turc mécanique » ; il réussit à faire croire que cette machine est capable de gagner des parties jusqu'à ce qu'on découvre qu'un homme était caché à l'intérieur. En 1912, plus modestement, Leonardo Torres Quevedo met au point une machine capable de terminer victorieusement une partie où il ne reste qu'un roi et une tour pour l'un, et seul le roi pour l'autre. En 1952, le mathématicien britannique Alan Turing – qui avait décrypté pendant la guerre le programme allemand de chiffrage Enigma – imagine un programme capable en théorie de gagner toute partie d'échecs en jouant avant chaque coup un nombre quasi infini de parties, pour découvrir le meilleur coup en réponse. Faute d'outils informatiques suffisamment développés, il ne peut le tester que manuellement, ce qui serait infiniment long. À la fin des années 1950, des machines électroniques commencent à être capables de jouer des parties complètes en passant en revue à grande vitesse un grand nombre de scénarios possibles en fonction des coups joués par l'adversaire. Dans les années 1990, les ingénieurs d'IBM conçoivent le programme Deep Blue, qui analyse 50 milliards de positions en trois minutes et qui bat le champion du monde de l'époque, Garry

Kasparov en 1997. En 2006, le nouveau champion du monde, Vladimir Kramnik est battu à son tour par le programme Deep Fritz.

En 2011, en faisant participer sa nouvelle machine utilisant des logiciels d'analyse sémantique, Watson, au jeu Jeopardy, IBM a repoussé encore plus loin les barrières du duel homme-machine. Dans ce jeu, le candidat doit trouver la question associée à la réponse qu'on lui propose. Pour gagner, Watson doit donc être capable de comprendre le « langage naturel », c'est-à-dire la façon dont les hommes communiquent entre eux. IBM a mis à la disposition de l'intelligence artificielle de Watson près de 200 millions de pages Internet, qu'il a comprises et interprétées. Watson, non connecté à Internet pendant toute la durée de la partie, réussit par lui-même à comprendre les réponses données dans le jeu, à les comparer à ce qu'il sait déjà, puis à formuler les questions correspondantes. Il réussit ainsi à défaire deux grands champions du jeu, Ken Jennings et Brad Rutter.

Aujourd'hui, IBM entend profiter du potentiel de cette machine en dépassant le domaine du jeu : Watson pourrait par exemple assister les médecins dans l'établissement de leurs diagnostics, contribuer à l'amélioration des calculs de prévision météorologique, analyser le comportement des clients d'une entreprise afin de décider auxquels faire une offre, ou même aider les services publics à répondre aux questions de leurs usagers.

Dans d'autres jeux, tels le jeu de go ou le bridge, à la sophistication plus grande, les machines ne sont pas encore capables de défaire les meilleurs joueurs. Ce n'est qu'une question de temps.

Les machines sont enfin, par ailleurs, à l'origine de la création d'autres jeux, les jeux vidéo, eux aussi jeux de stratégie et d'apprentissage de la prédiction de l'avenir.

D'abord, parce que les manettes de ces jeux préparent à la télécommande des robots du futur. Ensuite, parce que le jeu lui-même conduit à apprendre à anticiper, à prévoir, et à agir sous condition de stress. En particulier, c'est le cas de « The Incredible Machine », de « World of Warcraft » et de « Minecraft ».

Paru en 1992, « The Incredible Machine » est un jeu d'analyse et de réflexion, conduisant à l'élaboration d'un projet s'étalant dans le temps. Pour atteindre un objectif donné en début de partie (par exemple envoyer un ballon de basket en un certain point), il faut finir d'assembler une machine, dont certains composants sont déjà assemblés à l'écran ; il incombe au joueur de compléter le mécanisme avec les pièces manquantes. Et donc de penser l'avenir pour y parvenir.

Sorti en 2004, « World of Warcraft » est un jeu en ligne massivement multijoueurs. L'aventure se passe dans un monde virtuel, Azeroth, peuplé de créatures magiques. Le joueur incarne un personnage qu'il fait évoluer en accomplissant certaines missions, découvrant peu à peu la profondeur du monde, en coopérant ou en se confrontant à d'autres joueurs en ligne ; repérant des invariants et des structures du labyrinthe géographique et temporel dans lequel il évolue. Il doit en permanence anticiper pour réussir à franchir les obstacles et collaborer avec d'autres, pour y parvenir plus aisément.

Sorti en 2011, « Minecraft » vise à permettre à un joueur de construire des animaux, des machines, des monstres, à l'aide de petits blocs de couleur. Il est possible de jouer seul ou à plusieurs. Là encore, il faut penser un projet et trouver le moyen de le réaliser.

Tous ces jeux, et bien d'autres, sont beaucoup plus que des jeux de stratégie. Ce sont d'abord des processus d'apprentissage du décryptage de l'avenir et d'un nouveau partage du pouvoir entre l'homme et la machine. De plus en plus favorable à la machine.

La dictature prédictive

Si cette évolution continue et s'accélère, s'installera dans quelques décennies une société où la prévision sera devenue totale, absolue, générale ; où chacun saura combien de temps il lui reste à vivre ; où chacun saura quand quelqu'un d'autre, ou lui-même, va commettre un crime ; où chacun saura quand il est probable qu'il tombe amoureux et de qui. Une société où chacun saura qui votera pour qui aux prochaines élections, où l'on saura tout aussi de notre avenir collectif, du comportement de nos ennemis, des conséquences de nos décisions, et où nous devrons en tenir compte dans nos choix collectifs. La démocratie deviendra une dictature de l'évidence. Cernés par nos propres prévisions, nous aurons juste le loisir de chercher à éviter de les voir se réaliser, comme Œdipe fuyant son destin avant d'être rattrapé par lui.

Une telle société, où ce savoir sur l'avenir serait équitablement réparti, serait invivable, même si elle peut paraître le point ultime de la démocratie. Il faudrait, pour la rendre tolérable, imaginer que nous soyons alors programmés, par diverses drogues, chimiques ou idéologiques, pour trouver du plaisir à notre servitude, pour être toujours résignés mais même plus réclamants.

Il est plus vraisemblable que ce savoir sur l'avenir ne sera pas également partagé, et qu'il restera ce qu'il est depuis l'aube des temps : un instrument majeur au service de quelques-uns. Il est même vraisemblable que la plupart des gens préféreront ne pas savoir lire tous les avenirs, et qu'ils choisiront de déléguer ce savoir à des machines, entre les mains des nouveaux maîtres.

Le pouvoir ne sera plus entre les mains des prêtres, ni des soldats, ni des hommes politiques, il appartiendra, pour l'essentiel, aux entreprises en charge désormais de gérer l'avenir : compagnies d'assurances et gestionnaires de données sauront tout des risques encourus par chacun et orienteront les comportements en fonction de cela. Ces pouvoirs, et les machines qui les serviront, se conduiront comme des dieux à l'égard des hommes, prévoyant leurs comportements, leur imposant des normes de conduite et des durées de vie, transformant l'humanité en un sujet d'observation pour des intelligences abstraites.

Chacun, disposant de moyens de surveiller sa propre conformité à la norme, sera un collaborateur plus ou moins volontaire de cette dictature prédictive.

Nous serons ainsi revenus, par le jeu du hasard, dans le monde d'avant, celui où tout était déterminé par les dieux ; et le hasard reviendrait, comme forme d'expression de l'inéluctable. Bien des hommes en seront ravis, ayant troqué leurs libertés contre leur sécurité. Que cela soit par une intériorisation lucide de toutes les connaissances sur l'avenir ou par la délégation de ce savoir à des forces externes, totalitaires et sécurisantes.

Dans les deux cas, l'avenir fonctionnera comme une dictature, imposant des comportements pour le présent. Et l'humanité tout entière ne sera alors plus qu'un sujet d'observation pour des machines connaissant, manipulant, décidant de son avenir. Jusqu'à se retourner contre elle.

Pour ma part, je ne veux pas croire que la liberté sera ainsi perdue. Je ne veux pas croire que nous n'aurons plus jamais les moyens d'anticiper notre avenir et d'agir sur lui ; que les compagnies d'assurances et les gestionnaires de données seront nos nouveaux maîtres.

Je ne crois pas non plus que les machines soient aujourd'hui et même jamais capables de remplacer la sophistication de la prévision humaine. Et que la démocratie soit définitivement devenue un leurre.

Je ne veux pas croire que l'espèce humaine acceptera ce suicide en abandonnant ce qui fait l'essentiel de sa grandeur : sa capacité à se projeter dans l'avenir pour progresser.

Je ne veux pas croire non plus que toutes les techniques antérieures, anciennes ou modernes, ont été mises au point en vain.

Je crois au contraire que les potentialités de chacun de se prévoir, librement, sont, et seront bientôt, plus grandes que jamais.

Et je veux aider, dans le dernier chapitre de ce livre, chacun d'entre nous à maîtriser la prévision de son propre destin, afin d'en faire une arme pour conquérir et préserver la liberté.

CHAPITRE 4

Comment je prévois l'avenir

Oui, prévoir l'avenir est vital, pour soi et pour les autres, pour le présent et les générations futures. Oui, c'est possible. Oui, c'est nécessaire. Oui, un savoir s'est accumulé lentement au travers des siècles pour y parvenir ; et tout ce qui précède, même ce qui est apparemment le moins rationnel, est essentiel pour construire une méthode efficace de prévision de l'avenir.

Bien des forces poussent pourtant à s'en désintéresser, à vivre chaque instant comme il vient : la démocratie de marché pousse à valoriser l'instant, à ne voir le futur que comme une succession de présents, sans qu'aucune situation découle de la précédente. En conséquence, bien des gens ne prévoient plus rien, ne construisent plus rien. Ils s'abandonnent à la dictature prédictive des machines

Essayez l'exercice suivant : demandez à vous-même, ou à qui que ce soit d'autre, d'écrire trois pages sur son avenir, non pas tel qu'il le rêve, mais tel qu'il le prévoit. Trois pages. À un horizon qu'il choisit, au moins égal à un an. Très peu de gens savent par où commencer. Moins encore y parviennent.

Un tel monde ne peut que courir à la catastrophe. Non seulement parce que les hommes n'y sont plus maîtres de leurs destins, mais aussi parce que, on l'a vu, les machines ne prévoient que dans des domaines spécifiques, utiles à elles-mêmes. Et, si un jour elles ont une vision d'ensemble du destin des hommes, elles en feront usage dans leur propre intérêt ; il sera trop tard pour s'en servir pour les maîtriser.

Le monde commence ainsi à courir à la catastrophe. Sans mécanisme de rappel.

Je ne veux pas me résigner à ce que chacun de nous, comme l'humanité tout entière, ne soit plus bientôt qu'un sujet d'observation pour des machines, des intelligences artificielles connaissant, manipulant, décidant de l'avenir dans leur propre intérêt.

Je veux au contraire penser que l'avenir est accessible à chacun de nous. Et il l'est.

En s'intéressant à la causalité qui relie les événements, en comprenant comment l'avenir avance à petits pas, de cause en cause, de minute en minute, de jour en jour, en répétant des invariants, en inventant du neuf, en suivant une logique.

Rien n'est joué. Le monde avance ainsi, depuis des siècles, vers plus de liberté, vers un usage plus riche du temps, vers une substitution de l'information à l'énergie, comme il va aussi vers davantage d'artificialisation, de marchandisation, de solitude et de frustration, de gaspillage et de destruction de la nature.

Face à ces tendances contradictoires, nous sommes encore libres de décider de la suite, de choisir l'avenir. Individuellement et collectivement.

Et, pourtant, peu de gens acceptent de prendre les cinq minutes par jour dont on verra qu'elles sont à la fois nécessaires et suffisantes pour faire le point sur soi-même, sur son environnement, sur ce qui le menace ou pourrait le menacer, sur les conséquences à long terme de ses décisions quotidiennes, sur l'état de ses projets et des projets que les autres nourrissent pour soi. Et qui suffiraient pour l'éclairer sur son avenir.

Même si on ne peut évidemment espérer pouvoir anticiper tous les événements indépendants de notre volonté, les phénomènes apparemment les moins prévisibles ne sont pas totalement le résultat du hasard : si l'on ne peut prévoir ni un accident d'avion, ni un attentat suicide, ni un tireur fou, ni bien des folies ou des caprices des autres, il est possible de réduire la probabilité d'en être victime en évitant d'en courir le risque : un suivi médical approfondi permet de prévenir et de soigner un grand nombre de maladies avant qu'elles ne soient mortelles ; un voyageur peut éviter de se trouver sur les lieux de la plupart des épidémies, ou des risques de catastrophes naturelles, ou de prendre ses vacances là où la probabilité d'attentat terroriste est la plus élevée ; un alpiniste peut éviter les sorties trop périlleuses. Et même, si on ne peut évidemment pas prévoir si et quand on sera amoureux, ni si (ou quand) l'autre s'éloignera, il est presque toujours possible de ne pas céder à un amour qu'on devinerait impossible ; et si on ne le fait pas, cela doit être consciemment, pour le plaisir du risque, en assumant la forte probabilité du chagrin.

Au total, chacun de nous peut, et pourra de plus en plus, identifier les grandes tendances de son propre avenir. Sans s'abandonner à la dictature prédictive des machines. Chacun peut, et pourra de plus en plus, prévoir ce que j'appellerai un « socle d'avenir ». Je veux même montrer que chacun peut, et pourra de plus en plus, l'écrire comme un récit, sur l'horizon choisi, à court ou long terme. Un horizon terrestre : l'avenir dans l'au-delà, qui a tant occupé les hommes et qui les occupe tant encore, n'est pas mon sujet ici.

Il serait trop facile écrire ce « socle d'avenir » sous forme de scénarios multiples, faisant la liste de tous les avenirs possibles. On doit parvenir à le faire sous la forme d'un récit linéaire, univoque et chronologique. En choisissant les hypothèses les plus probables.

Sans confondre le prévoir-soi avec le devenir-soi : le prévoir-soi est un récit. Le devenir-soi est un projet.

On peut écrire d'abord ce que j'appellerais un « récit blanc », qui raconte l'avenir le plus probable. Et, si l'on veut prendre toutes les précautions, on peut y ajouter un « récit noir », qui décrit le futur dans lequel tous les risques se matérialiseraient.

Pour y parvenir, je ne me suis jamais contenté, même s'ils sont fort utiles, des modèles mathématiques ni de la consultation d'experts. Encore moins, évidemment, de la lecture des astres, des lignes de la main ou des cartes. Même si les techniques les plus anciennes ne sont pas sans fondement, on l'a vu : les cieux nous disent au moins la météorologie, le hasard révèle les probabilités des événements, les rêves nous disent les pulsions de l'inconscient. Aussi rien de tout cela n'est inutile, ni sans signification, ne serait-ce que métaphoriquement ou poétiquement.

J'ai construit une méthode spécifique, visant à écrire, et réécrire en permanence, les divers récits de l'avenir de ceux dont je me préoccupe : moi-même, un autre, une entreprise, un pays, l'humanité tout entière. Une méthode dont voici l'essentiel.

Je commence par choisir un horizon : la journée, la semaine, le mois, l'année, la décennie, le siècle ou plus.

Je distingue ensuite cinq domaines d'analyse de l'avenir de chaque sujet. Et je dois mener ces analyses méthodiquement, dans l'ordre indiqué ci-dessous.

D'abord, ce que je nomme la *prévision rétrospective*, qui décrit l'identité profonde du sujet, ses grands invariants, la façon dont il a évolué dans le passé, dont il a affronté les menaces et les ruptures, dont il a réagi aux signaux faibles. J'en dégage ses constantes, qui devraient perdurer.

Puis la *prévision vitale*, qui vise à se faire un avis sur l'état de santé du sujet, sur son mode de vie et sur la façon dont il prend soin de lui-même ; cela inclut la démographie (personnelle ou collective selon le sujet), variable bien entendu absolument essentielle dans toute analyse du futur.

Puis vient la *prévision environnementale*, qui analyse l'avenir de ceux des acteurs du monde (personnes, entreprises, nations, environnement) qui peuvent influer sur le destin du sujet. Cela conduit d'abord à faire la liste, très intéressante en soi, de ceux qui peuvent influer, de près ou de loin, sur l'avenir du sujet ; et la liste de ceux dont l'avenir dépend du sujet, qui n'est pas nécessairement la même (par exemple, l'avenir des enfants dépend en général plus de celui des parents que l'inverse). On découvre en général que cette liste est beaucoup plus longue qu'on le croit. On doit ensuite décrire l'avenir probable de ces acteurs, sans se préoccuper pour le moment de l'avenir de leurs relations avec le sujet. En particulier, on étudie ce qui peut les affecter : innovations, crises, maladies, attentats, guerres, etc.

Puis on doit étudier la *prévision affective*, qui vise à cerner l'avenir du comportement à l'égard du sujet de ceux dont on a identifié l'importance dans la prévision environnementale. Cela conduit à analyser la force des alliances du sujet, ses amitiés, ses amours, ses antagonismes, sa capacité à tirer parti des innovations, à se protéger des crises ou des violences, et à en protéger ceux dont il se pense en charge ; en particulier, si c'est le cas, les générations suivantes.

Enfin vient la *prévision projective* qui analyse les événements futurs, connus ou probables, de la vie du sujet, la façon dont il se projette lui-même dans l'avenir et ce qu'il veut en faire, son devenir-soi, si tant est qu'il en ait le projet. Cet exercice est le plus facile des cinq, car il n'exige pas le même effort d'analyse. Il consiste d'abord à faire la liste des événements prévisibles, tels qu'ils découlent d'un calendrier qu'impose la vie personnelle, professionnelle ou politique. Puis à y ajouter ce à quoi on veut être parvenu, dans le devenir-soi, à la fin de la période étudiée (je n'y reviens pas plus en détail ici, y ayant consacré par ailleurs un livre entier).

Pour chaque domaine, je procède par un questionnaire approfondi, mêlant intuition et réflexion, extrapolation et rupture. Je donnerai plus loin l'énoncé de ce questionnaire pour chaque sujet. J'y traque les causalités les plus rigoureuses et je cherche à tirer les leçons du passé. Je lutte contre la tentation de surestimer l'importance du présent, qui n'est important que parce qu'on y vit ; je ne me contente jamais, même dans les domaines les plus stables comme la démographie, de prolonger les tendances ; je cherche toujours les points de rupture, les bifurcations. Et ils sont innombrables.

Dans chaque domaine, j'ose prendre au sérieux les hypothèses les plus improbables : l'imagination est rarement aussi folle que le réel, qui est le produit de l'imaginaire de milliards de femmes et d'hommes. De ce point de vue, la science-fiction est, pour moi, depuis très longtemps, une source inépuisable d'inspiration.

PEUT-ON PRÉVOIR L'AVENIR ?

À partir des réponses obtenues dans chacun des cinq domaines, je m'astreins alors à écrire, en quelques pages, l'« histoire de l'avenir » du sujet, sur l'horizon choisi. Je ne me contente pas d'une photographie du point d'arrivée, ni de scénarios multiples. Je veux un chemin et un seul. J'appelle cela le « récit blanc ».

Ce récit n'est pas nécessairement logique ni rationnel, il peut inclure des paragraphes flous, délirants, poétiques, inachevés, incohérents, paradoxaux, comme l'est le réel.

À côté du « socle d'avenir », « récit blanc », j'écris aussi un autre récit, le « récit noir », bâti en faisant l'hypothèse de la matérialisation des pires événements, même très improbables.

Cette méthode s'applique, d'une façon spécifique, à chacun des sujets possibles : soi-même, un autre, une entreprise, une nation, l'humanité, le monde.

De fait, pour se prévoir soi, on n'échappe pas à une prévision de l'avenir de ceux dont dépend le nôtre.

A priori, quand on se trouve pour la première fois confronté à cet exercice, il est très difficile de dépasser la page blanche. Il est même effrayant, et salutaire, de prendre conscience qu'on ne peut même pas écrire dix lignes sur ce qui nous attend dans les dix prochains jours…

Et pourtant, très vite, avec un peu de pratique, on comprend comment faire. Il faut pour cela vraiment se lancer, simplement. Écrire ne serait-ce qu'une page. Mais vraiment écrire. Une page sur son avenir, ce n'est pas beaucoup demander.

Dans ce premier exercice, la chronologie est très importante. Elle structure le temps et force à concevoir clairement les causalités. J'inscris donc d'abord les événements connus ou les plus probables sur la période considérée, puis j'écris le récit du reste, en toute logique, en fonction des réponses aux prévisions précédentes.

Pour apprendre à le faire, je suggère de commencer un matin par raconter, pour le sujet étudié, l'histoire de la journée qui débute. Commencer par en écrire les routines, puis voir s'il existe des marges, des interstices, pour que s'y produise quelque chose de plus : des événements heureux ou malheureux. Essayer alors de glisser ce « plus » et ses conséquences dans le récit de la journée du sujet, en tenant compte de la réponse au questionnaire évoqué plus haut. Cela est assez facile, et on peut s'en contenter, pendant un moment, en le refaisant tous les jours.

Puis, continuer par le récit d'une semaine, puis d'un mois, puis d'un an. En progressant, on peut alors aller très vite vers des horizons plus lointains. Une fois l'exercice intériorisé, cette méthode, quand on s'y est préparé, peut être mise en œuvre très rapidement : prévoir l'avenir de soi ou d'un autre devient, avec de la pratique, l'affaire de quelques minutes. Un exercice réflexe, qui peut être cruel ou exaltant, ou les deux à la fois. Et qui permet de progresser en comparant ses pronostics à la réalité, quand le présent rejoint l'avenir.

PEUT-ON PRÉVOIR L'AVENIR ?

Prévoir son propre avenir

Pour prévoir son propre avenir, il faut d'abord s'extraire de soi-même, ne pas se laisser porter par les contingences du moment. Pour cela, il faut, un instant de raison, se replier sur l'essentiel, se concentrer, respirer, se détendre, fermer les yeux, devenir aveugle pour voir.

Pour me prévoir en suivant la méthode décrite plus haut, je dois d'abord identifier les invariants de mon être, afin de définir le cadre dans lequel il est vraisemblable que j'inscrirai mes réactions à tout événement à l'avenir ; et pour cela opérer la « prévision rétrospective », c'est-à-dire analyser ce qui fait l'essentiel de mon identité, et de mes valeurs ; la façon dont j'ai évolué dans mon passé, comment j'ai réagi aux difficultés que j'ai rencontrées ; ce qui est essentiel pour moi, ce sur quoi je ne transige pas et comment j'ai pris soin de moi. Je dois me demander pourquoi j'ai fait tel ou tel choix, à des moments essentiels de ma vie. Pourquoi j'ai été touché par tel chagrin ou bonheur plus que par tel autre. Cet exercice est très salutaire ; il conduit à des résultats souvent surprenants. Il ne faut pas hésiter, si on le pense nécessaire, à demander aux autres ce qu'ils ont perçu comme essentiel pour soi : il arrive si fréquemment qu'on se mente à soi-même, qu'on croie, ou veuille croire, ou fasse croire qu'on ne transigera pas sur telle valeur, alors qu'en réalité on y attache peu d'importance. Cet exercice est souvent pénible : pour découvrir son identité, ses invariants, il faut assumer avec lucidité ses lacunes, ses renoncements, ses lâchetés, ses erreurs, ses crimes, même.

Puis vient la « prévision vitale », c'est-à-dire la prévision de l'évolution à venir de mon propre état de santé : il n'y a pas d'avenir à prévoir si on laisse son corps se dégrader et sa vie s'en aller. Cela passe par l'analyse de mon propre mode de vie, de la façon dont je prends soin de moi, de ce que je compte faire dans l'avenir pour améliorer ou maintenir l'état de mon corps, pour avoir une vision aussi claire que possible de ce qui m'attend sur le simple terrain physique ; de la façon dont je cherche à ressasser mes malheurs ou au contraire à écarter les pensées négatives ; de l'engagement de faire des contrôles médicaux approfondis et réguliers, d'oser affronter les résultats de ces contrôles. Des années qui me restent, probablement, à vivre. En gardant présent à l'esprit que la médecine peut faire plus aisément des diagnostics que des pronostics et que bien des choses en la matière dépendront de moi.

Ensuite vient la « prévision environnementale », c'est-à-dire l'analyse de l'avenir de ceux qui peuvent influer sur mon propre avenir. D'abord les identifier, et essayer de comprendre comment ils évoluent, indépendamment de leurs relations avec moi. En dresser la liste est déjà un exercice révélateur : qui peut influer sur mon avenir ? Parents ? Compagnons ? Enfants ? Famille ? Amis ? Ennemis ? Relations de travail ? Clients ? Employeurs ? Il faut ici analyser ce qu'ils peuvent devenir indépendamment de moi, et ne pas croire que leur réalité soit immuable : ils peuvent être victimes de mille accidents, avoir mille raisons de connaître un destin imprévu. Pour cela, il n'est pas nécessaire d'entreprendre une analyse détaillée de leur avenir, il suffit d'en étudier les grandes tendances et de déceler si possible quelques signaux faibles, parfois imperceptibles, qu'ils peuvent exprimer, parfois en silence.

Puis vient la « prévision affective », qui vise à cerner le comportement à mon égard de ceux que j'ai identifiés dans la prévision environnementale : ils peuvent rester fidèles, loyaux, ou au contraire devenir mes ennemis ; ils peuvent décider de vivre ailleurs et autrement ; ils peuvent se passer de moi ou se retourner contre moi. Cela permet de cerner ma capacité à maintenir ou nouer des alliances ; à me protéger des menaces, à anticiper sur des colères, des ruptures, des départs, qui ne sont jamais sans signal annonciateur, qu'il importe de guetter. Là encore, tout est dans la perception des signaux faibles.

Enfin vient la « prévision projective » qui analyse la façon dont je me projette dans l'avenir. D'abord, la liste précise des événements certains ou quasi certains à l'horizon choisi. Puis mon projet pour l'avenir, qui peut n'être que de survivre, persister dans mon être, ou qui peut impliquer un projet, un devenir-moi, proche ou loin du statut actuel. Le devenir-soi se branche ici sur le prévoir-soi. Il ne se confond donc pas avec lui, à moins de décider de négliger toutes les contraintes du réel, et de réduire le devenir-soi à l'expression d'une illusion ou d'un désir mythomaniaque.

Pour établir ces cinq prévisions personnelles et en déduire son « récit d'avenir », chacun d'entre nous, d'entre vous, peut choisir de se lancer dans une introspection approfondie, méthodique. C'est un exercice difficile, qui peut se perdre dans des digressions. Pour l'éviter, chacun peut aussi se contenter de répondre au questionnaire suivant, qui regroupe en dix thèmes les problématiques des cinq prévisions. En choisissant à l'avance l'horizon temporel dans lequel on se situe, qui peut aller de quelques jours à quelques décennies.

En lisant ces questions, cherchez déjà à y apporter une première réponse ; vous y apprendrez beaucoup sur votre propre avenir. Donc, lisez lentement :

– Pouvez-vous définir ce que vous considérez comme invariant chez vous ?

– Avez-vous, dans le passé, prévu avec exactitude des événements importants qui vous sont arrivés ? Avez-vous déjà été surpris par des événements majeurs, personnels ou non, auxquels vous ne vous attendiez pas ? Comment avez-vous réagi ? En avez-vous tiré des leçons ? Pensez-vous que vous auriez pu les prévoir ? Qu'avez-vous appris de vos erreurs ? De vos lâchetés ? De vos fautes ? De vos succès ? De vos déceptions ?

– Vous exercez-vous à tirer les conséquences logiques sur votre futur des événements qui vous arrivent ou qui peuvent influer sur vous ?

– Que faites-vous pour entretenir et respecter votre corps, votre esprit, vos compétences ? Faites-vous du sport ? Des check-up réguliers ? Des formations ? Lisez-vous des livres ? Combien ? Chaque mois ?

– Aimez-vous apprendre ? Quelles bonnes surprises espérez-vous ? Êtes-vous prêt à accueillir tout changement, tout étranger, comme une bonne nouvelle ou au moins comme un défi ? Que faites-vous pour maintenir votre esprit critique, en particulier à l'égard de vous-même ?

– Avez-vous une idée des événements qui vous attendent et de l'environnement personnel, professionnel, du pays, du monde dans lequel vous aurez à vivre dans un an, cinq ans, vingt ans ?

– Établissez-vous des scénarios du pire ? Avez-vous une idée des pires événements qui pourraient vous arriver ? Préparez-vous des réactions à chacun d'eux ?

– Étudiez-vous les comportements des autres à votre égard, en distinguant amis, partenaires, indifférents, rivaux ? Tenez-vous à jour une liste de vos ennemis ? De vos concurrents ?

– Avez-vous fait la liste de ceux sur qui vous pouvez compter ? Avez-vous une stratégie pour entretenir leur loyauté à votre égard ? En particulier les générations suivantes ?

– Avez-vous un projet à vingt ans ? À cinq ans ? Faites-vous la liste de ce que vous voulez accomplir dans l'année à venir ? Étudiez-vous toutes les semaines votre agenda des trois prochains mois ?

Ce questionnaire ne doit pas être pris à la légère : la réponse à chaque question doit être soigneusement pesée ; on doit se mettre en situation de pouvoir y répondre mentalement au moins une fois par an, de façon honnête et approfondie.

Avec la pratique, un tel exercice prend moins d'une demi-heure.

À partir de l'ensemble de ces prévisions, je peux écrire un récit, le « socle d'avenir », qui raconte mon prévoir-moi à l'horizon souhaité. Et aussi le « récit noir », bâti à partir des pires hypothèses. Chacun en quatre pages. Pas plus. Quatre pages, je l'ai dit plus haut, pas nécessairement rationnelles ni logiques. Elles peuvent obéir à une raison floue, à une démonstration fantasque, poétique, incohérente.

Pour apprendre à le faire, je recommande d'employer la méthode générale décrite plus haut :

commencer un matin par raconter l'histoire de la journée en cours : les horaires prévus, les rendez-vous professionnels et personnels ; y ajouter une description de l'environnement, du monde, et de la situation prévisible, ce jour-là, de ceux qui vous importent. Cela est à la portée de chacun.

Après avoir décrit les routines, voir s'il existe des marges, des interstices, pour que s'y passe quelque chose de plus : des événements heureux ou malheureux. Essayer alors de glisser ce « plus » et ses conséquences dans le récit de votre journée, en tenant compte des réponses aux questions précédentes. Cela déjà un peu moins facile, et on peut s'en contenter, pendant un moment, en le refaisant tous les jours.

Puis continuer en osant écrire de la même façon le récit de la semaine à venir, puis du mois, puis de l'année. Une fois cet exercice intériorisé, on peut aller vite vers des horizons plus lointains.

Il faut alors le réécrire au moins tous les ans et le consulter tous les trois mois au moins. Enfin, prendre, chaque jour, les cinq minutes nécessaires pour faire le point sur vous et sur votre lecture de ces deux récits et sur l'évolution de leur réalisation.

Si vous faites tout cela, vous verrez que, très vite, votre vision de votre propre avenir se précisera ; vous serez surpris de constater la validité croissante de vos pronostics. Plus même : vous verrez que vous pourrez de plus en plus influer sur votre destin.

Il m'est même arrivé de constater que, si je mène ce processus sérieusement, mes projets, mes désirs, y compris les moins dépendants de mon action, les plus inaccessibles, se réalisent. Comme si le prévoir-soi fonctionnait comme un aimant attirant vers soi les conditions du devenir-soi. Comme un brise-glace, dégageant les obstacles sur sa route.

De fait, quand on agit ainsi, on devient, pour de mystérieuses raisons, comme une force du destin. Cela tient sans doute à la démultiplication de l'écoute du monde que cela permet et à l'énergie qu'on peut y projeter.

Pour réaliser ses rêves, il importe d'en avoir, et de créer les conditions pour comprendre les obstacles sur sa propre route, pour se persuader sincèrement, lucidement, que leur réalisation est à sa portée. Lucidement, là est le plus difficile ; c'est pourquoi ces techniques ne fonctionnent que très rarement avec les histoires d'amour.

Prévoir l'avenir d'un autre, proche ou inconnu

Chacun de nous, pour se « prévoir soi », a besoin aussi, on l'a vu, de prévoir l'avenir de certains autres, de ses proches, des entreprises qui le concernent, des pays où il vit et voudrait vivre, de l'humanité et du monde.

Chacun de nous peut aussi vouloir prévoir l'avenir d'un autre, indépendamment des conséquences qu'il peut avoir sur le sien, par simple intérêt, familial ou autre.

Pour cela, il faut suivre le même chemin que pour la prévision personnelle : d'abord faire une analyse de la « prévision rétrospective », pour connaître le passé et les valeurs invariantes de celui dont on cherche à percer l'avenir ; soit en l'interrogeant, soit par d'autres moyens, si celui-là n'est pas accessible ; puis sa « prévision vitale », c'est-à-dire savoir s'il prend soin de lui, s'il fait du sport, des contrôles médicaux et s'il surveille sa nourriture ; s'il est optimiste, positif ou chagrin. Tout cela, on le fait tous, intuitivement, quand on rencontre quelqu'un, qu'on jauge en quelques secondes ou quelques heures sa façon de marcher, de se tenir, de se vêtir, de rire, de regarder le monde, de bouger ses mains.

Puis sa « prévision environnementale », en analysant l'avenir de ceux qui peuvent influer sur lui ; pour cela faire la liste de ses amis, savoir sur qui il peut compter, et de ses ennemis ; puis sa « prévision affective », pour cerner ses amitiés, ses amours, ses antagonismes, sa capacité à nouer des alliances et à se protéger des menaces. Enfin, sa « prévision projective », c'est-à-dire la liste des événements d'ores et déjà explicitement prévisibles qui vont l'affecter ; et, s'il existe et si on peut le connaître, son projet.

Là encore, il faut se fixer un horizon, qui peut aller de quelques jours à quelques décennies.

On peut, pour cela, si l'on se sent assez en confiance, demander ouvertement à l'autre ses réponses au questionnaire précédent (que de beaux sujets de conversation !), ou, si on ne le peut, essayer de les deviner au gré de la conversation.

Si les réponses à ces questions sont globalement fermées, son avenir sera bref et dépendra des autres ; si les réponses sont positives, l'avenir sera long et prometteur.

On peut alors raconter l'histoire de son avenir, comme pour soi-même, avec en plus l'objectivité de l'altérité.

Prévoir l'avenir d'une entreprise

Prévoir l'avenir d'une entreprise peut être essentiel au prévoir-soi d'un individu, s'il y travaille, s'il veut y travailler ou si cette entreprise concerne son activité ; ou pour mille autres raisons. Ce n'est donc pas seulement un exercice théorique, c'est une des conditions du prévoir-soi.

Là encore en choisissant à l'avance l'horizon de temps auquel on se situe, qui peut difficilement dépasser vingt ans pour une entreprise.

Cet exercice suppose en théorie de pouvoir interroger ses dirigeants, ses cadres, ses employés, ses financiers, ses multiples partenaires, directement ou indirectement, sur les mêmes cinq domaines de prévision (« rétrospective », « vitale », « environnementale », « affective » et « projective »), ou, plus simplement, en les interrogeant selon le même questionnaire que précédemment, légèrement adapté.

– Quelle est l'identité de l'entreprise ? Quelles sont ses valeurs fondamentales ?

– Comment a-t-elle réagi dans le passé à des événements inattendus ? À des crises ? À des échecs ? À des succès ? En a-t-elle tiré des leçons ?

– Que fait-elle pour respecter et faire respecter son intégrité ? Pour défendre ce qui la caractérise ?

– Y aime-t-on apprendre ? Y développe-t-on, y tolère-t-on, y encourage-t-on un esprit critique, en particulier contre ses propres habitudes et comportements ? Y est-on prêt à accueillir tout changement comme une bonne nouvelle ?

– L'entreprise tente-t-elle de prévoir l'avenir de ses concurrents, de ses clients, de ses fournisseurs, de ses technologies, de ses employés ?

– L'entreprise a-t-elle fait la liste de ceux sur qui elle peut compter ? A-t-elle une stratégie pour entretenir leur loyauté à son égard ? L'entreprise forme-t-elle ses collaborateurs ? Est-elle à la recherche des meilleurs talents ? Sait-elle les garder ?

– L'entreprise élabore-t-elle des scénarios du pire ? Humains ? Technologiques ? Sociaux ? Financiers ? Concurrentiels ? L'entreprise a-t-elle préparé des réactions à chaque scénario du pire ?

– Y réfléchit-on à ce que sera son environnement dans un an, cinq ans, vingt ans ? L'entreprise a-t-elle une cellule de veille ?

– L'entreprise a-t-elle identifié des événements à venir, dans le monde ou dans son environnement proche, dans ses technologies ou ses clients, dans ses échéances commerciales ou financières, essentiels pour sa survie ou son développement ? A-t-elle un projet à vingt ans ? À cinq ans ?

– L'entreprise réfléchit-elle à de nouveaux métiers qui pourraient un jour remplacer ceux qu'elle exerce aujourd'hui, si ceux-ci sont balayés par l'évolution sociale ou technologique ? S'y prépare-t-elle ? A-t-elle un projet à vingt ans ? À cinq ans au moins ?

En fonction des réponses qu'on obtient, ou qu'on peut deviner de l'extérieur, en interrogeant toutes les sources disponibles, on peut tracer un portrait de l'entreprise, et de ce qu'elle peut devenir. Un « socle de son avenir ». En même temps qu'un « récit noir », cumulant tout ce qui peut lui arriver de pire.
Là encore, si ses réponses aux questions sont globalement négatives, l'avenir de l'entreprise est tout

tracé : la faillite la guette. Si elles sont positives, on peut y penser son avenir.

Toutes les parties prenantes de l'entreprise (direction, employés, syndicats, actionnaires, fournisseurs) doivent le faire, au moins tous les ans, sur un horizon de cinq ans au moins.

Pour s'y préparer, chacun doit employer les mêmes méthodes d'apprentissage que pour le récit d'avenir d'une personne : commencer, après avoir répondu au questionnaire, par la prévision quotidienne, puis hebdomadaire, puis annuelle. Le résultat final doit faire quatre pages. Pas plus.

Pour l'avoir fait souvent, que de surprises, que d'échecs évités, que d'anticipations réussies en découlent... Que de distances avec les prévisions résultant des méthodes des marchés boursiers, telles qu'évoquées au chapitre précédent.

Prévoir l'avenir d'un pays

Prévoir son propre avenir suppose aussi de prévoir l'avenir du pays où l'on vit, des pays où l'on pourrait vouloir vivre ou séjourner et des pays qui pourraient influer sur son propre avenir. Des dirigeants peuvent aussi vouloir prévoir l'avenir de leur propre pays et le partager avec leur peuple pour décider d'une stratégie politique.

On peut aussi s'intéresser à l'avenir d'un pays sans relation avec la prévision de son propre avenir.

COMMENT JE PRÉVOIS L'AVENIR

Au moment où la planification est si discréditée, cette prévision politique est une dimension essentielle de la survie d'un pays. Elle est même la clé de son avenir, dans la mesure où les entreprises et les particuliers, nationaux ou étrangers, investiront et vivront plus aisément dans un pays dont l'avenir leur semble prévisible, ou en tout cas un pays qui fait tout pour qu'il le soit.

Pour commencer, il faut d'abord étudier la « prévision rétrospective » du pays, c'est-à-dire son histoire, sa géographie, sa culture, sa cuisine, sa musique, sa mode féminine et masculine, son rapport à la mer, et sa résilience. La cuisine dit beaucoup de son identité culturelle, de son rapport à la terre, à la famille, à la diversité. La musique dit tout de la capacité d'un pays à maîtriser la violence et à rayonner à l'extérieur de ses frontières. La mode féminine dit l'audace de ses mœurs et son attirance pour le neuf. La mode masculine, par sa stabilité, dit des invariants fondamentaux ; le rapport à la mer dit la façon dont la nation a su développer son rapport à l'autre et dont elle a accueilli le changement, le nouveau, l'étranger, l'autre. La résilience dit la façon dont, dans le passé, elle a réagi à des chocs. Ou dont elle s'est couchée face à un ennemi.

Puis il faut réaliser sa « prévision vitale », c'est-à-dire étudier sa démographie et son attitude à l'égard de la famille. La démographie est ici particulièrement essentielle : c'est d'elle dont dépend l'essentiel de l'avenir d'un pays ; en particulier la pyramide des âges donne à lire de nombreuses dimensions de l'histoire future d'une nation ; dont les besoins en école, en hôpitaux, en investissements publics ; elle dit aussi sa capacité à lever l'impôt et à financer les revenus de ses retraités et son système de santé. Elle dit enfin son goût pour le nouveau et l'avenir des relations entre les sexes.

Puis il faut effectuer la « prévision environnementale », qui esquisse une description de l'avenir des pays pouvant avoir une influence sur celui de la nation étudiée. Cela entraîne la nécessité de faire d'abord une liste explicite de ses alliés, de ses ennemis, plus ou moins proches. Puis de se faire une idée, sommaire, de leur propre avenir.

Puis vient la « prévision affective », qui analyse les relations de la nation étudiée avec son environnement, sa capacité d'accueillir des étrangers, de nouer des alliances et de se protéger des menaces. Pour la mesurer, il est en particulier essentiel d'étudier son rapport à la mer, et la puissance de ses ports, si elle en a : c'est en général par-là que passe le neuf.

Enfin vient la « prévision projective » qui analyse la façon dont la nation se projette dans l'avenir, dont elle pense son identité, et dont elle imagine la défendre et la renouveler. On doit d'abord identifier ses grands rendez-vous avec l'avenir, tels que ses échéances électorales et l'organisation de grands événements internationaux ; puis chercher les signaux faibles de changement dans les domaines qui y évoluent particulièrement vite. Parmi ces signaux faibles, il y a la façon dont on y utilise des produits dont les échelles de prix sont les plus larges (comme les stylos ou les montres). Et c'est d'ailleurs justement en observant les stylos (dont la gamme se concentre de plus en plus sur les stylos très bon marché et sur les stylos très chers, éliminant les modèles intermédiaires) que j'ai pensé, il y a très longtemps, que la classe moyenne serait un jour menacée de disparaître.

Pour établir cette prévision de l'avenir d'une nation, on peut soit se contenter d'étudier ces questions dans le secret de son cabinet, si on l'étudie pour soi, soit, si on en a la légitimité, organiser un grand débat national. Et pour cela, répondre au questionnaire suivant ; là encore, en choisissant un horizon temporel qui peut aller de cinq ans à plusieurs siècles :

– La nation est-elle définie par son climat, sa position géographique, sa démographie ? La place de ses ports ? Sa cuisine ? Sa musique ? A-t-elle conscience de son histoire ? De son héritage ? De ses valeurs ? De sa langue ? De sa culture ? En particulier, quels ont été ses actes de bravoure, ses lâchetés ? Peut-elle définir son identité ?

– Comment a-t-elle réagi dans le passé à des agressions ? En a-t-elle tiré des leçons ?

– L'État fait-il tout pour que les habitants du pays puissent apprendre, s'informer, débattre, agir librement et démocratiquement ? Y développe-t-on, y encourage-t-on l'esprit critique ?

— La nation est-elle prête à accueillir tout changement, tout visiteur, tout étranger, comme une bonne nouvelle ?

— La nation cherche-t-elle à comprendre l'avenir de ses partenaires ou adversaires ?

— La nation tient-elle à jour une liste de ses ennemis ? A-t-elle réfléchi à des scénarios du pire ? La nation a-t-elle préparé des réactions à chaque scénario du pire ?

— La nation tient-elle à jour la liste de ceux sur qui elle peut compter ? A-t-elle développé une stratégie pour entretenir leur loyauté à son égard, en particulier celle des générations futures ?

— La nation a-t-elle une vision claire du monde dans lequel elle va vivre dans un an, cinq ans, vingt ans ? La nation, ou au moins le gouvernement qui en a provisoirement la charge, a-t-il un projet à vingt ans ? À cinq ans ?

À partir des réponses à ces questions, on peut déduire le « socle d'avenir » d'une nation, et en particulier prévoir s'il fera bon y vivre dans les trente ans à venir. On peut aussi en déduire le « récit noir », et se préparer à faire ce qu'il faut pour qu'il ne se réalise pas. Il m'est arrivé bien souvent d'écrire, pour mon usage personnel, un tel document pour tel ou tel pays, dont la France. J'ai beaucoup appris en le faisant.

Il serait évidemment idéal que l'État établisse un tel document, tous les ans ; là encore, en quatre pages, qui prévoiraient l'avenir pour cinq ans au moins. Un tel document, rendu public, constituerait l'occasion d'un grand débat démocratique annuel. Il dirait en permanence au monde ce qu'est cette nation et où elle veut aller. Un tel document, s'il était bien conçu, suffirait comme viatique à un homme d'État pour conduire au mieux son pays vers un avenir choisi.

On peut rêver d'exiger que tout candidat à l'élection présidentielle en produise un, en expliquant comment il l'a construit.

Prévoir l'avenir de l'humanité

Enfin, prévoir l'avenir de l'humanité et de la planète est, très égoïstement, nécessaire au prévoir-soi : nul ne pourrait vivre sur une planète devenue invivable ou même en train de le devenir. Et moins encore le pourront les générations suivantes, dont j'ai dit plus haut en quoi elles étaient nécessaires à la survie de nos contemporains.

Là encore, les mêmes techniques s'appliquent : rechercher les invariants, discerner les tendances lourdes et les signaux faibles, puis analyser tout ce qui peut influer sur ces invariants. Il faut donc là aussi commencer par établir ce que je nomme la « prévision rétrospective », c'est-à-dire décrire les étapes du passé de l'humanité et ce qui forme son identité ; ce qui la distingue du règne animal, et ce qui fait sa force et ses faiblesses. En quoi elle s'est mal ou bien conduite dans le passé. En quoi elle a été capable du pire, dans quelle direction elle a évolué, si tant est qu'on puisse y trouver un sens. Si des invariants ont existé dans les évolutions antérieures.

Puis en venir à la « prévision vitale », c'est-à-dire pour l'essentiel à ce qu'on peut déduire de l'évolution prévisible des diverses dimensions de la démographie mondiale : sa composition par âge et par continents ; la natalité, l'équilibre des sexes, la répartition entre urbains et ruraux, les migrations définitives ou provisoires. De tout cela, on peut déduire des quasi-certitudes sur les rapports de pouvoir entre les générations et les sexes, sur le travail, l'emploi, la préférence pour l'inflation ou pour la stabilité des prix, les mœurs, les modes, les idéologies, les mouvements des idées.

Puis vient la « prévision environnementale », qui récapitule ce qu'on sait de l'avenir des autres espèces vivantes, des ressources naturelles, de la mer, de la forêt, du climat, et plus généralement ce qu'on sait du futur de l'univers.

Puis la « prévision affective », qui décrit l'interaction à venir de l'humanité avec le reste de la planète et de l'univers, et en particulier sa capacité à traiter la nature, la Terre, l'atmosphère, la mer, comme ses alliées.

Puis enfin la « prévision projective », qui analyse les grands événements qui attendent l'humanité avec plus ou moins de certitudes (les grandes vagues d'évolution technologiques, culturelles, idéologiques) et la façon dont l'humanité se projette dans l'avenir, c'est-à-dire, s'il existe, le projet que l'humanité nourrit pour elle-même.

On peut, là encore, résumer cette enquête autour d'un questionnaire qui suppose, comme les autres, de choisir à l'avance un horizon, qui peut cette fois dépasser le millénaire.

– L'humanité a-t-elle conscience de son histoire ? En est-elle fière ? Peut-elle définir son identité ?

– Comment a-t-elle réagi dans le passé à des agressions externes ? À ses propres folies ? À ses lâchetés ? En a-t-elle tiré des leçons ?

– Fait-elle tout pour que ses membres puissent apprendre ? Y développe-t-on, y encourage-t-on l'esprit critique ? La liberté ?

– L'humanité est-elle prête à accueillir tout changement, toute espèce nouvelle, comme une bonne nouvelle ?

– L'humanité a-t-elle une vision claire du monde dans lequel elle va vivre dans un an, cinq ans, vingt ans, cent ans, mille ans ?

– L'humanité cherche-t-elle à comprendre l'avenir de ses partenaires ? En particulier a-t-elle une vision claire de l'avenir des autres espèces ? Des ressources naturelles ? Du climat ?

– L'humanité tient-elle à jour une liste de ses ennemis et des menaces qui pèsent sur elle ? Se pense-t-elle en particulier comme son propre ennemi potentiel ?

– L'humanité a-t-elle réfléchi à des scénarios du pire ? A-t-elle préparé des réactions à chaque scénario du pire ?

– L'humanité tient-elle à jour la liste de ceux sur qui elle peut compter ? A-t-elle développé une stratégie pour entretenir leur loyauté à son égard, en particulier les générations futures ?

– L'humanité rencontrera-t-elle des événements prévisibles significatifs dans l'horizon concerné ? A-t-elle un projet dans l'horizon concerné ?

On peut alors décrire le « socle de l'avenir » de l'humanité et en faire aussi le « récit noir », décrivant comment elle pourrait disparaître si tout tournait mal, si les prévisions les pires se réalisaient.

COMMENT JE PRÉVOIS L'AVENIR

Si l'on prend l'habitude de faire ce genre de prévision, de se poser ce genre de questionnaire, on peut le faire assez vite. Presque d'une façon réflexe. On comprendra vite qu'on peut voir le monde d'un tout autre œil. Cela peut être l'occasion d'un formidable débat public.

C'est en employant ce genre de technique que j'ai pu raconter, dans *Une brève histoire de l'avenir*, les cinquante prochaines années de l'humanité, et l'introduction de ce livre fournit un exemple de ce que peut être le récit en quatre pages du « socle de l'avenir » de l'humanité, à horizon de cinquante ans.

On peut rêver à un tel récit, écrit par et pour l'Assemblée générale des Nations unies, et débattu chaque année. Cela changerait profondément la conscience de soi par l'humanité. Et cela irait beaucoup plus loin que les différents objectifs temporels très réducteurs (parce que purement quantitatifs) que les institutions internationales commencent à produire.

CONCLUSION

La paresse est le pire ennemi de l'anticipation. La prévision est le meilleur allié de la liberté ; le seul moyen, même, d'éviter que ne se réalise le scénario noir, pour chacune de nos vies comme pour l'humanité.

Il faut donc oser prévoir, et y consacrer le temps nécessaire ; on s'aperçoit vite que c'est moins difficile qu'on ne le pense. Et qu'on apprend infiniment sur soi et sur les autres en s'y livrant.

On peut, on doit aussi, convier à ce processus toutes les techniques disponibles, y compris les plus étranges, les plus anciennes. Certes, rien ne me fera jamais douter de l'absurdité de la chiromancie ou de l'astrologie, prises l'une et l'autre au pied de la lettre. Rien ne me fera non plus croire que l'observation de la chute d'une feuille ou du marc de café, ou encore de l'envol d'un oiseau, puisse aider à prévoir quoi que ce soit. En revanche, tout ce qui précède, et en particulier les techniques les plus récentes de prévision, permet de comprendre l'influence, certaine même si elle est très indirecte, des astres sur la météorologie et sur l'humeur des gens ; de l'influence de leur physique sur leur capacité à séduire et à convaincre ; de l'influence du hasard sur les destins. Il est aussi vraisemblable qu'on ne sait pas encore tout sur la fonction d'analyse causale des signaux faibles par les rêves, ni sur la capacité d'intuition, d'analyse totale, de pressentiment, de précognition, dont certains disposent, surtout parmi les artistes, les musiciens, les écrivains, les poètes. Et inversement, c'est en cherchant à prévoir que chacun peut faire surgir ses propres capacités créatrices, artistiques.

Il appartient donc à chacun de nous de développer ces dons. Tel est l'objet des exercices précédents. Ils conduisent tant à prédire l'avenir qu'à échapper à la pesanteur du présent, pour rêver, oser, créer.

Imaginez un monde dans lequel chacun ferait cet exercice. Cette lucidité transformerait profondément l'avenir individuel et collectif. Nul ne pourrait plus procrastiner ni se conduire en aveugle. Nul ne pourrait se résigner à la dictature des machines ni se contenter de son propre égoïsme. Nul ne pourrait plus s'enfermer dans la résignation ni dans le tunnel d'une vie décidée par d'autres.

En attendant cette inaccessible lucidité universelle, ceux qui prendront la peine d'apprendre ces techniques verront assez vite de grands changements dans leur vie, dans leur force créatrice et dans leurs rapports aux autres. Encore leur faudra-t-il affronter

CONCLUSION

le fait que toute prévision de l'avenir est un appel à l'action et que tout change une fois qu'on a écarté le voile de l'ignorance. Même la peur devient alors un moteur de l'action. Même le chagrin n'est plus un obstacle à la joie, parce que prévoir conduit à penser au-delà de lui et au moment ou, inévitablement, il s'estompera.

Pour les avoir moi-même beaucoup pratiquées, je peux témoigner de l'extraordinaire force créatrice et autoréalisatrice de ces techniques. Il suffit d'y croire sincèrement pour que, d'une certaine façon, elles participent au surgissement mystérieux de l'avenir. Oui, le fait de croire à une prévision, aussi irréaliste soit-elle en apparence, peut participer à sa réalisation.

Chaque vie est comme une cathédrale. Il faut la rêver avant de la vivre, la rêver pour la vivre. Même si on n'a pas le temps de l'achever de son vivant, on finit toujours par vivre dans son œuvre : prévoir donne vie.

BIBLIOGRAPHIE

Ouvrages

AL-KINDI, *The Forty Chapters*, éd. Charles Burnett, Cambridge, Cambridge University Press, 1993.

ALAO, George, *Voyage à l'intérieur de la langue et de la culture yorùbá*, Éditions des Archives contemporaines, 2014.

ALBUMASAR, *Introductorium in astronomiam Albumasaris Abalachi octo continens libros partiales*, Melchior Sessa pour Jacob Pentius Leucensis, Venise, 1506.

ALLES, Gregory, ELLWOOD, Robert, *The Encyclopedia of World Religions*, New York, DWJ Books, 1998.

ANTTI, Ilmanen, *Expected Returns: An Investor's Guide to Harvesting Market Rewards*, John Wiley & Sons, 2011.

ARISTOTE, *Traité du ciel*, Garnier-Flammarion, 2004.

ARPENTIGNY, Casimir Stanislas d', *La Science de la main*, 1791.

ASIMOV, Isaac, *Foundation*, New York City, Gnome Press, 1951.

ATTALI, Jacques, *La Parole et l'Outil*, PUF, 1975.
- *Bruits. Économie politique de la musique*, PUF, 1977, nouvelle édition, Fayard, 2000.
- *La Nouvelle Économie française*, Flammarion, 1978.

- *L'Ordre cannibale. Histoire de la médecine*, Grasset, 1979.
- *Les Trois Mondes*, Fayard, 1981.
- *Au propre et au figuré*, Fayard, 1988.
- *Lignes d'horizon*, Fayard, 1990.
- *Une brève histoire de l'avenir*, Fayard, 2006 (nouvelle édition, 2015).
- *Devenir soi*, Fayard, 2014.

AUZIAS, Dominique, LABOURDETTE Jean-Paul, *Népal-Bhoutan*, Petit futé, 2012-2013.

BALZAC, Honoré de, *La Peau de chagrin*, Paris, Charpentier, 1839.

BELL, Daniel, *The Coming Of Post-industrial Society: A Venture in Social Forecasting*, Basic Books, 1976.

BELLAMY, Edward, *Cent ans après ou L'An 2000*, Paris, E. Dentu, 1891.

BELOT, Jean, *L'Instruction familière et très facile pour apprendre les sciences de chiromancie et physiognomie*, 1619.

BERNARD, Pascal, *Qu'est-ce qui fait trembler la Terre ?*, EDP Sciences, 2003.

BLACKSTONE, Geoffrey Vaughan, *A History of the British Fire Service*, London, Routledge and Kegan Paul, 1957.

BOREL, Émile, VILLE, Jean, *Applications de la théorie des probabilités aux jeux du hasard*, Édition Jacques Gabay, 2009.

BOSSUET, Jacques-Bénigne, *Politique tirée des propres paroles de l'Écriture sainte*, Dalloz, 2003.
- *Œuvres complètes*, tome IX, Paris, Outhenin-Chalandre, 1840.

BOUCHÉ-LECLERCQ, Auguste, *Histoire de la divination dans l'Antiquité : divination hellénique et divination italique*, Grenoble, Jerôme Millon, 2003.
- *L'Astrologie grecque*, Paris, Ernest Leroux, 1899.

BRADBURY, Ray, *Fahrenheit 451*, Paris, Gallimard, 2000.

BIBLIOGRAPHIE

BUSWELL, Jr. Robert E., LOPE, Donald S., *The Princeton Dictionary of Buddhism*, Princeton University Press, 2013.
CALASSO, Roberto, *L'Ardeur*, Gallimard, 2014.
CASANOVA, Giacomo, *Histoire de ma vie*, Le Livre de Poche, 2014.
CICÉRON, *De la divination*, Flammarion, 2004.
COCLÈS, Bartolomeo, *Le Compendion et brief enseignement de physiognomie et chiromancie*, traduction 1560, 1504.
COLLIN DE PLANCY, Jacques-Albin-Simon, *Dictionnaire infernal*, 1818, Éditions Slatkine, 1993.
COMTE, Auguste, *Cours de philosophie positive*, Paris, Hermann, 1998.
COUÉ Émile, *La Maîtrise de soi-même par l'autosuggestion consciente*, Marabout, 2007.
CULAS, Christian, *Le Messianisme hmong aux XXIe et XXe siècles*, Éditions de la Maison des sciences de l'homme, 2005.
CUSSET, Christian, *La Métérologie dans l'Antiquité : entre science et croyance*. Actes du Colloque international interdisciplinaire de Toulouse, Saint-Étienne, 2-4 mai 2002.
DABDAB, Trabulsi José Antonio, *Participation directe et démocratie grecque : une histoire exemplaire ?*, Institut des sciences et techniques de l'Antiquité, 2006.
DALAL, Roshen, *Hinduism : An alphabetical guide*, Londres, Penguin Global, 2011.
DARD, Olivier, *Bertrand de Jouvenel*, Perrin, coll. Biographies, 2008.
DARWIN, Charles, *L'Origine des espèces*, UltraLetters, 2013.
DECHIEVRE, Diane, *Astrologie, entre science et croyance*, Publibook, 2005.
DELLA BIANCA, Luca, *Manuale di caffeomanzia. Il futuro nei fondi di caffè*, Hermes Edizioni, 2003.
DELSOL, Michel, *Darwin, le hasard et Dieu*, Vrin, 2007.
DESAUTELS, Jacques, *Dieux et mythes de la Grèce ancienne*, Québec, Les Presses de l'université Laval, 1988.

DICK, Philip K., *Minority Report*, Paris, Gallimard, 2002.
DOMPNIER, Robert, *Bhoutan : Royaume hors du temps*, Picquier, 2010.
DUBOST, Michel, LALANNE, Stanislas, *Le Nouveau Théo : L'encyclopédie catholique pour tous*, Paris, Mame, 2009.
EDLMAN, Nicole, *Histoire de la voyance et du paranormal, Du XVIIIe siècle à nos jours*, Seuil, 2006.
EHRLICH, Paul Ralph, *The Population Bomb*, Buccaneer Books, 1995.
ENGELS, Friedrich, MARX, Karl, *Manifeste du parti communiste*, Flammarion, 1999.
FAWZIA, Assaad, *Préfigurations égyptiennes de la pensée de Nietzsche : essai philosophique*, L'Âge d'Homme, 1986.
FONTBRUNE, Jean-Charles de, *470 ans d'histoire prédites par Nostradamus : 1555-2025*, Éditions Privat, 2006.
FORRESTER, Jay Wright, *Industrial Dynamics*, Martino Fine Books, 2013.
– *Urban Dynamics*, Pegasus Communications, 1969.
GAUQUELIN, Michel, *L'Influence des astres*, Éditions du Dauphin, 1955.
GELL, William, GANDY J. P., *Vues des ruines de Pompéi*, d'après l'ouvrage publié à Londres en 1819.
GIBSON, Margaret, HELSOP, Sandy, PFAFF, Richard, *The Eadwine Plaster : Text, Image and Monastic Culture in Twelfth Century Canterbury*, The Pennsylvania State University Press, 1992.
GRIAULE, Marcel, DIETERLEN, Germaine, *Le Renard pâle*, Institut d'éthnologie, 1965.
GUILHOU, Nadine, PEYRE, Janice, *Mythologie égyptienne*, Marabout, 2014.
GUNN, Joshua, *Modern Occult Rhetoric : Mass Media and the Drama of Secrecy in the Twentieth*, The University of Alabama Press, 2005.
HADDAD, Gérard, *Maïmonide*, Les Belles Lettres, 1998.

BIBLIOGRAPHIE

HARRISON, Harry, *Make Room ! Make Room !*, New York City, Doubleday, 1966.
HEFELE, Karl Joseph, *Histoire des conciles d'après les documents originaux*, Paris, Letouzey et Ané Éditeurs, 1908.
HEINLEIN, Robert A., *Stranger in a Strange Land*, New York City, Putnam, 1991.
HERLIN, Philippe, *Repenser l'économie : Mandelbrot, Pareto, cygne noir, monnaie complémentaire... Les nouveaux concepts pour sortir de la crise*, Eyrolles, 2012.
HÉRODOTE, *Histoires, tome VII : Polymnie*, Les Belles Lettres, 2003.
HÉSIODE, *Les Travaux et les Jours*, Fayard, Mille et une nuits, 1999.
HOMÈRE, *L'Iliade*, traduction de Leconte de Lisle, A. Lemerre, 1866.
– *L'Odyssée*, Folio, 1999.
HORTLICH, Johan, *Die Kunst Chiromantie*, 1475.
HUGO, Victor, *Les Contemplations*, Flammarion, 2008.
HUXLEY, Aldous, *Brave New World*, London, Chatto & Windus, 1932 (traduction française : *Le Meilleur des mondes*, Plon, 1932).
INDAGINE, Jean d', *La Chiromancie et physiognomonie par le regard des membres de l'homme*, traduction 1622, 1522.
IRENAEUS, Stevenson, *The Square of Sevens : an authoritative system of cartomancy*, CreateSpace Independent Publishing Platform, 2012.
JACQUIER, Charles, *Simone Weil : l'expérience de la vie et le travail de la pensée*, Sulliver, 1998.
JUGLAR, Clément, *Des crises commerciales et de leur retour périodique*, Bibliothèque idéale des sciences sociales, 2014.
KAHN, Herman, WIENER, Anthony, *The Year 2000 : A Framework for Speculation on the Next Thirty-Three Years*, Collier Macmillan Ltd, 1968.

KAUFFER, Rémi, *Le Siècle des quatre empereurs*, Perrin, 2014.
KEPLER, Johannes, *Tertius Interviens*, extraits traduits par Kenneth Negus, Eucopia Publications, Princeton, N. J., 1987.
KNUDSEN, Toke Lindegaard, *The Siddhantasundara of Jñanaraja : An English Translation with Commentary*, Johns Hopkins University Press, 2014
KONDRATIEFF, Nikolaï, *Long Wave Cycle*, E. P. Dutton, 1984.
KONGTRUL, Lodro Taye Jamgon, *The Treasury of Knowledge*, Snow Lion, 2013.
KUNTH, Daniel, ZARKA, Philippe, *L'Astrologie*, Presses universitaires de France, « Que sais-je ? », 2005.
LANGLOIS, Alexandre, *Rig-Veda ou Livre des hymnes*, Maisonneuve et Cie, 1872.
LEONTIEF, Wassily, *The Structure of American Economy*, Oxford University Press, 1951.
LETRONNE, Antoine-Jean, *Sur l'origine du zodiaque grec et sur plusieurs points de l'astronomie et de la chronologie*, Nabu Press, 2012.
MALTHUS, Thomas Robert, *Essai sur le principe de population*, Éditions Gonthier, 1963 (traduction par Pierre Theil), Flammarion, 1992.
MANDELBROT, Benoît, HUDSON, Richard L., *Une approche fractale des marchés*, Odile Jacob, 2005.
MARCOLINO DA FORLI, Francesco, *Le Sorti*, 1540.
MARX, Karl, *Contribution à la critique de l'économie politique*, Éditions sociales, 1972.
MASSÉ, Pierre, *Le Plan ou l'anti-hasard*, Gallimard, 1965.
MATHOU, Thierry, *Le Bhoutan : dernier royaume bouddhiste de l'Himalaya*, Éditions Kailash, 1998.
MEYNAUD, Hélène-Yvonne, DUCLOS Denis, *Les Sondages d'opinion*, La Découverte, 2007.
MOORE, Peter, *The Weather Experiment : The Pioneers who Sought to see the Future*, Chatto & Windus, 2015.

MORGENSTERN, Oskar, NEUMANN, John von, *Theory of Games and Economic Behavior*, Princeton, Princeton University Press, 1944.

MORIN, Edgar, FISCHLER, Claude, DEFRANCE, Philippe, PETROSSIAN, Lena, *La Croyance astrologique moderne*, Pratiques des sciences de l'homme, 1982.

NOSTRADAMUS, Michel de, *Les prophéties de Nostradamus*, Archipoche, 2013.

PARRIAUX, Aurèle, *Géologie : bases pour l'ingénieur*, PPUR, 2009.

PHILASTRE de Brescia, *Diversarum Hereseon Liber*, F. Heylen, 1957.

PLATON, *Timée* suivi du *Critias*, Flammarion, 1999.

PLUTARQUE, *Les Vies des hommes illustres*, Gallimard, 1937.

POINSOT, M. C., *The Encyclopedia of Occult Sciences*, Literary Licensing, 2013.

POPOV, Pavel Illitch, *La Balance de l'économie nationale de l'URSS*, 1926.

PTOLÉMÉE, *Tetrabiblos : le livre fondamental de l'astrologie*, Éditions Oxus, 2007.

RABELAIS, François, *Les Cinq Livres de F. Rabelais*, Paris, Librairie des bibliophiles, 1876-1877.

RANALD, Josef, *Comment connaître les gens à travers leurs mains*, Modern Age Books, 1938.

RAPHALS, Lisa, *Divination and Prediction in Early China and Ancient Greece*, Cambridge University Press, 2013.

REGNAULT, Jules, *Calcul des chances et philosophie de la Bourse*, Mallet-Bachelier, 1863.

RENOUVIER, Charles, *Philosophie analytique de l'histoire : les idées, les religions, les systèmes*, t. I, Paris, Éd. Leroux, 1896-1897.

ROSSI, Ilario, *Prévoir et prédire la maladie. De la divination au pronostic*, Aux lieux d'être, 2005.

SALISBURY, Jean de, *Policraticus*, Presses universitaires de Nancy, 1991.

SCHUMPETER, Joseph, *Capitalisme, socialisme et démocratie*, Lausanne, Payot, 1990.
SÉNÈQUE, Lucius Annaeus, *Œuvres complètes de Sénèque, le Philosophe*, traduction de J. Baillard, Paris, L. Hachette et Cie, 1861.
SHAKESPEARE, William, *Macbeth*, Flammarion, 2006.
SOPHOCLE, *Œdipe roi/Le mythe d'Œdipe*, Folio, 2015.
SUÉTONE, *Vie des Douze César*, 1868, Charpentier, Gallimard « Folio », 1975.
SWIFT, Jonathan, *Voyages de Gulliver*, Garnier Frères, 1856.
TALEB, Nassim Nicholas, *Le Cygne noir : la puissance de l'imprévisible*, Les Belles Lettres, 2012.
TANNERY, Paul, *Recherches sur l'histoire de l'astronomie ancienne*, Cambridge University Press, 2015.
TOCQUEVILLE, Alexis de, *De la démocratie en Amérique*, Flammarion, 1999.
TRISMÉGISTE Johannes, *L'Art de connaître l'avenir par la chiromancie, les horoscopes, les divinations anciennes, le marc de café, etc.*, 1845.
UNSCHULD, Paul, TESSENOW, Hermann, *Huang Di Nei Jing Su Wen : An Annotated Translation of Huajng Di's Inner Classic*, University of California Press, Oakland, 2011.
VERNE, Jules, *De la Terre à la Lune*, Paris, J. Hetzel, 1865.
– *La Journée d'un journaliste américain en 2889*, Paris, J. Hetzel, 1910.
VOLTAIRE, *Traité sur la tolérance*, Gallimard, 2003.
WALRAS, Léon, *Éléments d'économie politique pure ou Théorie de la richesse sociale*, Kessinger Publishing, 2010.
WALSHE, Maurice, *The Long Discourses of the Buddha, A Translation of the Digha Nikaya*, Wisdom Publications, 1995.
WATHELET, Paul, *Dictionnaire des Troyens de L'Illiade*, Université de Liège-Bibliothèque de la faculté de philosophie et lettres, 1988.

BIBLIOGRAPHIE

WIGZELL, Faith, *Reading Russian Fortunes : Print Culture, Gender and Divination in Russia from 1765*, Cambridge University Press, 1998.
WOLFE, Bernard, *Limbo*, New York City, Random House, 1952.
WOLFF, Francis, *Pourquoi la musique ?*, Fayard, 2015.
ZACEK, Milan, *Construire parasismique : risque sismique, conception parasismique des bâtiments, réglementation*, Parenthèses, 1996.

SITES INTERNET

http://abpw.net/jacques/index.htm
http://agora.qc.ca/
http://agora.qc.ca/documents/amerindiens--le_festival_des_reves_chez_les_hurons_par_henri_f_hellenberger
http://buddhasa.com/
http://business-analytics-info.fr/
http://catholicism.academic.ru/
http://chagpori.org/
http://cura.free.fr/
http://en.chessbase.com/
http://eschatologie.free.fr/
http://eu.blizzard.com/fr-fr/
http://florenaud.free.fr/
http://iibstudio.com/
http://inac.cea.fr/
http://kidshealth.org/parent/system/medical/newborn_screening_tests.html#
http://la-mythologie-grecque.lescigales.org/
http://la-philosophie.com/
http://lemondedesetudes.fr/
http://litteradoc.free.fr/
http://mashable.com/
http://memory.loc.gov/

PEUT-ON PRÉVOIR L'AVENIR ?

http://memory.loc.gov/cgibin/query/r?ammem/mcc:@field (DOCID + @lit (mcc/023))
http://musee-sismologie.unistra.fr/comprendre-les-seismes/notions-pour-petits-et-grands/le-risque-sismique/methodes-de-prediction-sismique/
http://mythologica.fr/
http://mythologica.fr/egypte/sekhmet.htm
http://mythologica.fr/grec/ages.htm
http://mythologica.fr/grec/oedipe.htm
http://mythologica.fr/grec/tiresias.htm
http://news.nationalgeographic.com/
http://nominis.cef.fr/
http://oceanservice.noaa.gov/
http://oncle-dom.fr/idees/sondages/erreurs.htm
http://orishareligion.com/
http://ptl.sys.virginia.edu/ptl/
http://query.nytimes.com/mem/archive-free/pdf?_r=1&res=9506E3D61439EF32A25752C2A9659C946496D6CF
http://quoi.info/actualite-pratique/2012/07/07/pourquoi-bison-fute-est-il-aussi-fute-1131071/
http://rebeccadix.eklablog.com/les-indiens-hopi-et-leur-danse-du-serpent-a105745600
http://remacle.org/
http://remacle.org/bloodwolf/philosophes/Ciceron/divinatione1.htm
http://sagesseancienne.free.fr/
http://savoirs.ens.fr/expose.php?id=1282
http://scribe.seiya.free.fr/
http://ses.ens-lyon.fr/
http://sogc.org/fr/publications/depistage-prenatal/
http://svtbiologie.free.fr/
http://tazieff.fr/
http://villemin.gerard.free.fr/
http://www.abcbourse.com/

BIBLIOGRAPHIE

http://www.ac-grenoble.fr/
http://www.afdphe.org/depistage/introduction
http://www.alliancy.fr/
http://www.alternatives-economiques.fr/
http://www.alz.org/
http://www.apa.org/
http://www.arbre-celtique.com/
http://www.arte.tv/fr/le-rite-lire-dans-le-marc-de-cafe/2238904,CmC=2238916.html
http://www.astrologie-tibetaine.com/
http://www.astrology-and-science.com/
http://www.astronomes.com/
http://www.astrosurf.com/
http://www.aureas.org/
http://www.automatesintelligents.com/
http://www.batooba.com/
http://www.bhu.ac.in/
http://www.canalacademie.com/ida8903-La-prehistoire-en-images-l-art-parietal-a-travers-le-theme-de-la-main-par-Claudine-Cohen.html
http://www.captaineconomics.fr/
http://www.census.gov/
http://www.citedeleconomie.fr/
http://www.clubofrome.org/
http://www.cnrs.fr/sciencespourtous/abecedaire/pages/alhaytham.htm
http://www.cnrtl.fr/definition/chaman
http://www.coe.int/
http://www.columbia.edu/
http://www.come-and-hear.com/
http://www.commentfaiton.com/fiche/voir/34973/comment-comprendre-les-5-ages-de-l-humanite-dans-la-mythologie-grecque
http://www.cosmovisions.com/
http://www.derwentcapitalmarkets.com/

PEUT-ON PRÉVOIR L'AVENIR ?

http://www.developpement-durable.gouv.fr/La-prevention-du-risque-sismique.html
http://www.diabetes.org/
http://www.dinosoria.com/
http://www.dinosoria.com/animal_seisme.htm
http://www.economiematin.fr/news-trading-haute-frequence-explication-fonctionnement-danger
http://www.edicia.fr/
http://www.etaletaculture.fr/
http://www.etatsgenerauxdelabioethique.fr/
http://www.europesolidaire.eu/
http://www.franceseisme.fr/
http://www.futura-sciences.com/magazines/high-tech/infos/dico/d/internet-cookie-469/
http://www.gralon.net/
http://www.grioo.com/
http://www.has-sante.fr/portail/jcms/c_1728538/fr/depistage-neonatal-de-la-drepanocytose-en-france
http://www.healthmap.org/fr/
http://www.herodote.net/
http://www.hnsa.org/
http://www.hominides.com/html/art/main-prehistoire.php
http://www.iechecs.com/
http://www.independent.com/news/2007/jul/24/history-palmistry/
http://www.info-bible.org/
http://www.informationisbeautiful.net/
http://www.instituteforquality.org/cancerlinq
http://www.ipgp.fr/
http://www.johnnyfincham.com/history/darpentigny.htm
http://www.johnnyfincham.com/history/gipsies.htm
http://www.joi.org/
http://www.konbini.com
http://www.lamadawa.com/div-tibetan.html

BIBLIOGRAPHIE

http://www.lamed.fr/
http://www.larousse.fr/encyclopedie/personnage/Claude_Ptol%C3%A9m%C3%A9e/139769
http://www.laviedesidees.fr/
http://www.leconomiste.eu/decryptage-economie/149-le-trading-a-haute-frequence.html
http://www.leprogres.fr/rhone/2013/03/27/les-chomeurs-de-plus-en-plus-nombreux-a-consulter-des-voyants
http://www.lexilogos.com/latin/gaffiot.php?q=divinatio
http://www.lloyds.com/
http://www.london-fire.gov.uk/
http://www.lynnkoiner.com/
http://www.maintenanceassistant.com/
http://www.maintenance-predictive.com/
http://www.manicore.com/documentation/serre/modele.html
http://www.marketoracle.co.uk/
http://www.math93.com/
http://www.maths-et-physique.net/
http://www.medecine.ups-tlse.fr/
http://www.men-tsee-khang.org/tibastro/origin_classification.htm
http://www.merveilles-et-lieux-sacres-du-monde-antique.net/pages/paleolithique-moyen-300000-a-35000-ans-b-c/grotte-d-el-castillo-40800-b-c.html
http://www.meteo.nc/
http://www.meteo.org/
http://www.meteofrance.fr/prevoir-le-temps/la-prevision-du-temps/les-techniques-deprevision
http://www.meteolafleche.com/histoiredelameteorologie.htm
http://www.miamiarch.org/
http://www.mullc.com/
http://www.musee-marine.fr/

PEUT-ON PRÉVOIR L'AVENIR ?

http://www.nationalarchives.gov.uk/pathways/citizenship/citizen_subject/transcripts/egyptians_act.htm
http://www.nextinpact.com/
http://www.nhc.noaa.gov/
http://www.notre-planete.info/
http://www.nri.org.uk/
http://www.osirisnet.net/
http://www.philolog.fr/
http://www.philosophie-spiritualite.com/
http://www.popularmechanics.com/
http://www.prevention2000.org/
http://www.rouillier.com/chiro/histoire/origine.html
http://www.rts.ch/
http://www.salespredict.com/
http://www.sandisk.fr
http://www.scienceetfoi.com/
http://www.sciencepresse.qc.ca/
http://www.scienceseconomiques.com/
http://www.sefaria.org/
http://www.slate.com/blogs/the_vault/2015/03/30/history_of_palm_reading_josef_ranald_s_analysis_of_fdr_hitler_and_mussolini.html
http://www.slbsrsv.ac.in/
http://www.smithsonianmag.com/
http://www.terreetpeuple.com/
http://www.thesimpledollar.com/
http://www.trading-automatique.fr/
http://www.tribuforex.fr/
http://www.tribuforex.fr/Trading-Haute-Frequence.php
http://www.upenn.edu/
http://www.varanasicity.com/
http://www.vatican.va/archive/FRA0013/_P1A.HTM
http://www.vie-publique.fr/actualite/faq-citoyens/sondages-opinion/
http://www.wunderground.com/

http://www.yorubaland.ru/
http://www.yournetastrologer.com/
http://yijing-journal.com/tag/divination-ornithologique/
https://astrologiechinoise.wordpress.com/
https://copeau.files.wordpress.com/2014/12/jouvenel.pdf
https://e-cours.univ-paris1.fr/modules/uved/risques-naturels/html/1/11/114.html
https://interstices.info/encart.jsp?id=c_15272&encart=17&size=800,700
https://iww.inria.fr
https://minecraft.net/
https://scribium.com
https://support.google.com/waze/answer/6078702?hl=fr
https://www.eleves.ens.fr/pollens/seminaire/seances/sondages/Technique-sondage.htm
https://www.predpol.com/
https://www-01.ibm.com
www.23andme.com
www.universalis.fr

DOCUMENTS

BOHRMANN, Monette, « La pluie dans le judaïsme antique et l'inondation en Égypte », 1992.

BOUVIER, Gérard, DIALLO, Fatoumata, INSEE, « Soixante ans de réduction du temps de travail dans le monde », janvier 2010.

Catéchisme de l'Église catholique, 1992.

CHARLES, Lionel, « Perspectives sur l'histoire de la météorologie et de la climatologie », *Écologie & Politique,* n° 33, Presses de Sciences Po, 2006.

Code pénal, Paris, Imprimerie impériale, 1810.

Code théodosien, Livre IX, 16, I ; traduction de Marie-Laurence Haack.

COHEN, Claudine, « Symbolique de la main dans l'art pariétal paléolithique », 7 mars 2012.
Constitution dogmatique sur la Foi catholique (Dei Filiu), Concile œcuménique du Vatican I.
CRAMER, Diane, cours, "The astrology of heart disease".
DENIS, Henri, intervention économique, « La pensée de Schumpeter face à celles de Marx et de Walras ».
ELBAZ, David, cours, « Le système du temps dans la tradition chinoise »
Gallup, Sondage sur le paranormal, 2005.
GAO, Testimony Before the Subcommittee on Energy and Water Development, Committee on Appropriations, House of Representatives, Lake Pontchartrain and Vicinity Hurricane Protection Project.
GELARD, Marie-Lucé, « Une cuiller à pot pour demander la pluie », 2006.
GREMY, Jean-Paul, « Questions et réponses : quelques résultats sur les effets de la formulation des questions dans les sondages », *Sociétés contemporaines,* n° 16, décembre 1993.
INSEE, Structure des dépenses de consommation des ménages, 2 juin 2015.
JOUVENEL, Bertrand de, Transcription de la conférence donnée à l'Interdepartmental Seminar du Rand, 30 novembre 1964.
KERT, Christian, « Rapport sur les techniques de prévision et de prévention des risques naturels : séismes et mouvements de terrain », 21 avril 1995.
MASSÉ, Pierre, « Réflexions pour 1985 », 1964.
MEDIAMENTO, communiqué de presse Mediamento, « Les sondages politiques influencent les intentions de vote des électeurs », 20 avril 2012.
MINISTÈRE DE L'ÉCOLOGIE, DU DÉVELOPPEMENT DURABLE ET DE L'ÉNERGIE, Prévention des risques naturels – les séismes.

BIBLIOGRAPHIE

MINISTÈRE DE L'ÉDUCATION NATIONALE, Rétrospective du baccalauréat : 1960-2006, 2007.

MINISTÈRE DE LA CULTURE ET DE LA COMMUNICATION, Fréquentation des musées et expositions. Évolution 1973-2008, 8 juillet 2013.

MOUSLI, Béatrice, ROELS, Corinne, « *Futuribles* : naissance et histoire d'une revue de prospective », *La Revue des revues*, n° 20, 1995.

NIVELON-CHEVALLIER, Annie, « Le test génétique, moyen de prédire l'avenir ? », 2003.

PEREZ, V., « Du doigt à la machine, le calcul », Petit Journal, CNAM.

PEYRAT, « La publicité ciblée en ligne », CNIL, 2009.

POLÈRE, Cédric, « La prospective. Les fondements historiques », janvier 2012.

"Prediction and Forecasting", Economic, International Encyclopedia of the Social Sciences, 1968, Encyclopedia.com.

RANDERS, Jorgen, "2052 : A global forecast for the next forty years".

SOLOMON, S et al., GIEC, 2007 : Changements climatiques 2007. Les éléments scientifiques. Contribution du Groupe de travail I au Quatrième Rapport d'évaluation du Groupe d'experts intergouvernemental sur l'évolution du climat. Cambridge University Press, Royaume-Uni et New York.

The federal response to hurricane Katrina lessons learned, 23 février 2006.

UYEDA, Seiya, BARRÈRE, Martine, « Comment prévoir les tremblements de terre », *Les Cahiers de Global Chance*, février 1996.

VILLENEUVE, G. Oscar, « La météorologie : aperçu historique ».

VOLOKHINE, Y., « Introduction à la religion de l'Égypte ancienne », 2008.

PEUT-ON PRÉVOIR L'AVENIR ?

Articles de recherche

Bachelier, Louis, « Théorie de la spéculation », *Annales scientifiques de l'ENS*, 3ᵉ série, tome 17, 1900, p. 21-86.

Bansaye, Vincent, Vatutin, Vladimir, "On the survival of a class of subcritical branching processes in random environment", 2013.

Bem, Daryl J., "Feeling the Future: Experimental Evidence for Anomalous Retroactive Influences on Cognition and Affect", *Journal of Personality and Social Psychology*, 100, p. 407-425, 2011.

Bollen, Johan, Mao, Huina, Zeng Xiaojun, "Twitter mood predicts the stock market", *Journal of Computational Science*, 2 (1), mars 2011, p. 1-8.

Bungener, M., Joël, M.-E., « L'essor de l'économétrie au CNRS », *Cahiers pour l'histoire du CNRS*, 1989.

Carlson, Jennifer Anne, "The Economics of Fire Protection : From the Great Fire to London to Rural/Metro", Institute of Economics Affairs, Discussion Paper, 2005.

Caron, Cloé, « Des hommes de larmes, des hommes de tristesse ? La conception anthropogonique dans les textes des sarcophages du Moyen Empire égyptien (2040-1785) », Université du Québec, Montréal, maîtrise en histoire, 2014.

Cho-Yank, "The Voice of Tibetan Religion and Culture, Looking into the future", 1994, 6, p. 111-118.

Colling, David, « Perceptions chrétiennes des pratiques divinatoires romaines », Folia Electronica Classica, université de Louvain, 2005.

Cordobes, Stéphane, Durance, Philippe, « Les Entretiens de la Mémoire de la Prospective : Hugues de Jouvenel, Directeur général du groupe Futuribles », Mémoire de recherche dans le cadre du LIPSOR du Conservatoire national des arts et métiers, septembre 2014.

BIBLIOGRAPHIE

DANGEL-HAGNAUER, Cécile, RAYBAUT, Alain, « Clément Juglar et la théorie des cycles en France au premier XXe siècle : quelques éléments d'analyse », *Revue européenne des sciences sociales*, 2009.

DEMON, Paul, Le κληρωτήριον (« machine à tirer au sort ») et la démocratie athénienne, 2003.

DEVAVRAT, Shah, ZHANG Kang, Bayesian regression and Bitcoin, MIT, 2014.

DUBAL, Léo, XIAOXUE, Yuan, « En chinois dans le rêve », *Essaim 1*, n° 20, p. 201-209, 2008.

DUMONTIER, Florence, « Histoire des machines à calculer (1850-1914) », Rapport de recherche bibliographique, 1995.

EINSTEIN, Albert, « De l'électrodynamique des corps en mouvement », 1905.

FATTAL, Michel, « Le logos d'Héraclite : un essai de traduction », *Revue des études grecques*, tome 99, fascicule 470-471, janvier-juin 1986, p. 142-152.

FLORISOONE, André, « Les origines chaldéennes du zodiaque », *Ciel et Terre*, vol. 66, 1950.

GAUQUELIN, Michel, "Is There Really a Mars Effect? Above & Below", *Journal of Astrological Studies*, n° 11, automne 1988, p. 4-7.

GAYON, Jean, « Évolution et hasard », *Laval théologique et philosophique*, vol. 61, n 3, octobre 2005, p. 527-537.

GUENZI, Caterina, « Faculté de prévoir. L'astrologie dans les universités indiennes, Extrême-Orient, Extrême-Occident », 2013.

HARVEY, Guillaume, « Étude anatomique du mouvement du cœur et du sang chez les animaux », *Revue d'histoire des sciences et de leurs applications*, 1952, vol. 5, n° 1, p. 95-97.

HAYEK, Matthias, « Les manuels de divination japonais au début de l'époque d'Edo (XVIIe siècle) : décloisonnement, compilation et vulgarisation », *Revue d'Extrême-Orient*, 2013.

HERLIN, Philippe, « La remise en cause du modèle classique de la finance par Benoît Mandelbrot et la nécessité d'intégrer les lois de puissance dans la compréhension des phénomènes économiques », thèse, CNAM, 2012.

KAHNEMAN, Daniel, TVERSKY, Amos, "Prospect Theory: An Analysis of Decision under Risk", *Econometrica*, vol. 47, n° 2, mars 1979, p. 263-291.

KARABULUT, Yigitcan, "Can Facebook Predict Stock Market Activity?", Goethe University Frankfurt, 2013.

KEYES, Charles F., DANIEL, E. Valentine, "Karma: An Anthropological Inquiry", *The Journal of Asian Studies*, vol. 44, n° 2, février 1985, p. 429-431.

KHACHATUROV, T. S., "Long-Term planning and forecasting in the USSR", *American Economic Review*, vol. 62, n° 2, p. 444-55, 1972.

KISCH, Yves de, « Les *Sortes Vergilianae* dans l'Histoire Auguste », in *Mélanges d'archéologie et d'histoire*, 1970, vol. 82.

KITCHIN, Joseph, "Cycles and trends in economic factors", *The Review of Economics an Statistics*, vol. 5, n° 1, janvier 1923, p. 10-16.

LE GALL, Philippe, « Les modèles économiques : perspectives méthodologiques et historiques », *Revue d'histoire des sciences humaines*, 2008.

LUCAS, Robert, "Econometric policy evaluation: A critique", in *The Phillips curve and labor markets*, ed. Karl Brunner and Allan H. Meltzer, 1976.

MANDELBROT, Benoît, ADLAI, J. Fisher, LAURENT, E. Calvet, "A Multifractal Model of Asset Returns", Cowles Foundation for research in economics, Yale University, 1996.

MANDELBROT, Benoît, "The Variation of Certain Speculative Prices", *The Journal of Business*, vol. 36, n° 4, octobre 1963, p. 394-419.

MEADOWS, Donella H., MEADOWS, Dennis L., RANDERS, Jørgen et BEHRENS, William W., Rapport publié du Club de Rome, 1972.

MESSNER, Donna A., "Informed choice in direct-to-consumer genetic testing for Alzheimer and other diseases : lessons from two cases", New Genet Soc, 2011.

MICHELSON, Albert, MORLEY, Edward, "On the relative Motion of the Earth and the Luminiferous Ether", *The American Journal of Science*, novembre 1887.

MOORE, Gordon Earle, "Cramming More Components Onto Integrated", Electronics, 1965.

MORGAN, Carole, « La divination d'après les croassements des corbeaux dans les manuscrits de Dunhuang », *Cahiers d'Extrême-Asie*, 1987.

NAFTULIN, Donald H., WARE, John E. Jr., DONNELLY, Frank A., "The Doctor Fox Lecture: A Paradigm of Educational Seduction", *Journal of Medical Education*, vol. 48, 1973, p. 630-635.

PINGREE, David, "Astronomy and Astrology in India and Iran", *Isis-Journal of The History of Science Society*, 1963.

POMMARET, Françoise, « Rituels aux divinités locales de Kheng Bu li (Bhoutan central) », *Revue d'études tibétaines*, n° 6, 2004.

PONS, Alain, « Histoire idéale éternelle » et « Histoire universelle » chez Vico, Noesis, 8/2005.

PREIS, Tobias, MOAT, Helen Susannah, STANLEY, H. Eugene, "Quantifying Trading Behavior in Financial Markets Using Google Trends", *Scientific Reports* 3, article n° 1684, 2013.

QUESNAY, François, *Tableau économique*, 1758.

RANKIN, Keith, "Circular Flow: Drawing Further Inspiration from William Harvey", Unitec Institute of Technology, 14 juin 2012.

RICHARD, Mathieu, BANSAYE, Vincent, MÉLÉARD, Sylvie, "How do birth and death processes come down from infinity?", 2013.

ROBERT, Philippe, « Essai de reconstitution du tableau intersecteur de l'économie soviétique pour 1959 », *Revue économique*, vol. 14, issue 4, p. 575-602, 1963.

Rocher, Alain, « Religions et traditions populaires du Japon », Annuaire de l'École pratique des hautes études (EPHE), Section des sciences religieuses, 2011.

Roshdi, Rashed, « Le modèle de la sphère transparente et l'explication de l'arc-en-ciel : Ibn al-Haytham, al-Farisi », *Revue d'histoire des sciences et de leurs applications*, vol. 23, n° 2, 1970.

Rothbard, Murray N., "Breaking Out of the Walrasian Box: The Cases of Schumpeter and Hansen", *Review of Austrian Economics*, vol. 1-10, 2005.

Ruze, Françoise, « Le Conseil et l'Assemblée dans la grande Rhêtra de Sparte », *Revue des études grecques*, tome 104, fascicule 495-496, p. 15-30, janvier-juin 1991.

Sadler, James C., "Tropical cyclones of the Eastern North Pacific as Revealed by TIROS observations", *J. Appl. Meteor.*, 3, 347–366, 1963.

Schachermayer, Walter, Teichmann, Josef, "How close are the option pricing formulas of bachelier and black-merton-scholes?", *Mathematical Finance*, vol. 18, issue 1, p. 155-170, janvier 2008.

Sheets, Robert C., "The National Hurricane Center, Past, Present and Future", 15 février 1990.

Steinmann, Brigitte, « De la cosmologie tibétaine au mythe de l'État, Historiographie rnyingmapa tamang (Népal) », *Revue d'études tibétaines*, n° 12, 2007.

Thompson, Maury B., "The Law of Storms Developed", *Popular Science Monthly*, février 1873.

Vincent, J.-F., « Techniques divinatoires des Saba (montagnards du Centre-Tchad) », *Journal de la société des africanistes*, 1966.

Vroey, Michel de, Malgrange, Pierre, « Théorie et modélisation macro-économiques, d'hier à aujourd'hui », *Revue française d'économie*, vol. 21, n° 3, p. 3-38, 2007.

Wolff, Philippe, « Maintenance prédictive : une approche stochastique », thèse, 1996.

BIBLIOGRAPHIE

Articles de journaux

Aït-Kacimi Nessim, « Europe : le trading haute fréquence en chiffres », *Les Échos*, 21 décembre 2014.

Ballet, Nicolas, « Les chômeurs de plus en plus nombreux à consulter des voyants », *Le Progrès*, 27 mars 2013.

Barthélémy, Pierre, « La prévision du climat est-elle fiable ? Un entretien avec Sandrine Bony », Blog Passeur de sciences, 2 juin 2013.

– « L'espèce humaine, échec et mat », *Le Monde*, 11 septembre 2014.

– « La science qui veut prédire les crimes », Blog Passeur de sciences, 1er mars 2013.

Belfiore, Guillaume, « Publicité ciblée : Facebook s'appuiera sur l'historique de navigation », *Clubic*, 13 juin 2014.

Bianchini, Laurence, « Ce qu'il faut savoir des méthodes de sondage », *My science work*, 20 avril 2012.

Bisceglio, Paul, « Wikipédia diagnostique la grippe », *Courrier International*, 24 juin 2014.

Brandy, Gregor, Chaudagne, Étienne, « Les jeux où l'homme bat (encore) la machine », *Le Monde*, 25 septembre 2014.

Bresnick, Jennifer, "EHR analytics predict link between Type 2 diabetes, dementia", *Health IT Analytics*, 20 août 2013.

– "EHR data analytics help detect risk, outcomes of sepsis", *Health IT Analytics*, 17 mars 2014.

– "Four Use Cases for Healthcare Predictive Analytics, Big Data", *Health IT Analytics*, 22 avril 2015.

– "IndiGO predictive risk scores reduce heart attacks, strokes", *Health IT Analytics*, 13 septembre 2013.

– "Predictive Analytics Help Identify Military Suicide Risk", *Health IT Analytics*, 13 novembre 2014.

– "Predictive, clinical analytics at MGH turn data into insights", *Health IT Analytics*, 20 août 2014.

Cabut, Sandrine, « Dépistage prénatal, génération tests ADN », *Le Monde*, 3 mars 2015.

Capaud, Alain, « Faire une place au big data dans l'atelier », *L'Usine nouvelle*, 26 juin 2014.

Cookson, Clive, "Diagnostic: DNA to deliver safer pregnancies", *FT Magazine*, 17 avril 2015.

Danaguezian, Gérard, « Que valent les sondages préélectoraux ? », *Survey Magazine*, 30 août 2008.

Degon, André, « Waze, la petite application qui sait se rendre indispensable », *Le Point*, 6 décembre 2013.

Deraedt, Aude, « Le jeu de go, le seul auquel l'homme est plus fort que l'ordinateur », *Slate*, 12 mai 2014.

Djebbar, Ahmed, « Ibn Al-Haytham, mathématicien et physicien arabe du XIe siècle », *L'Humanité*, 16 janvier 2015.

Einstein, Albert, « De l'électrodynamique des corps en mouvement », paru en septembre 1905 dans le journal *Annalen der Physik* (« Zur Elektrodynamik bewegter Körper »).

El-Hassani, Jamal, « Savez-vous comment Twitter et Facebook vous ciblent ? », *Le Figaro*, 12 juin 2015.

Eudes, Yves, « Comment notre ordinateur nous manipule », *Le Monde*, 19 mai 2014.

Fessler, Pam, "Why Wasn't New Orleans Better Prepared?", NPR, 2005.

Fontan, Sylvain, « Faut-il réguler le trading à haute fréquence ? », *La Tribune*, 1er novembre 2014.

Garrigou, Alain, « Oui, les sondages influencent l'attitude des électeurs ! », *Le Monde*, 24 avril 2012.

Gompel, Nicolas, Prud'Homme Benjamin, « Peut-on prédire l'évolution des espèces ? », *Le Monde*, 25 octobre 2012.

Gros, Maryse, « Edicia associe big data et sécurité urbaine », *Le Monde Informatique*, 19 février 2014.

Guimard, Emmanuel, « Edicia crée un outil de pilotage des risques pour la police urbaine », *Les Échos*, 2 décembre 2013.

BIBLIOGRAPHIE

HERLIN, Philippe, « Redécouvrir Benoît Mandelbrot en période de turbulences », *La Tribune*, 5 février 2009.

HOMBOURGER, Manon, « Bison Futé se trompe rarement mais préférerait qu'on lui donne plus souvent tort », *Atlantico*, 3 août 2013.

JUNG, Marie, « Publicité en ligne : le RTB, comment ça marche ? », *01Business*, 22 septembre 2014.

KELION, Leo, "London police trial gang violence *predicting* software", *BBC*, 29 février 2014.

LA BROSSE, Julie de, « Le trading de haute fréquence pour les nuls », *L'Express*, 27 avril 2011.

LARIGAUDRIE, Antoine, « Premières sanctions contre les pirates du trading haute fréquence », *BFM Business*, 8 mai 2015.

LARONCHE, Martine, « La voyance surfe sur nos angoisses », *Le Monde*, 2 juillet 2011.

LAROUSSERIE, David, « La finance à la vitesse de la lumière », *Le Monde*, 27 mai 2015.

LELOUP, Damien, « Les ordinateurs sont-ils venus à bout de l'homme aux échecs ? », *Le Monde*, 29 septembre 2009.

« Les "big data", nouvel outil contre les épidémies comme Ebola ? », *Sciences et Avenir*, 27 octobre 2014.

MARKOFF, John, "A Climate-Modeling Strategy That Won't Hurt the Climate", *The New York Times*, 11 mai 2015.

MCDONNELL, Tim, "For Preventing Disease, Data Are the New Drugs", *Nautilus*, 5 février 2015.

MORIN, Hervé, « Le génome humain à 1 000 dollars », *Le Monde*, 1er janvier 2013.

NBC News, "Katrina forecasters were remarkably accurate", 19 septembre 2005.

ONION, Rebecca, traduit par LEVENSON, Claire, « Il a lu les lignes de la main de Roosevelt, Hitler et Mussolini en 1938 : voilà ce qu'il y a vu », *Slate*, 31 mars 2015.

PIQUET, Caroline, « L'ADN ne peut pas prédire toutes les maladies graves », *Le Figaro*, 4 avril 2012.

PRESS, Gil, "A Very Short History Of Big Data", *Forbes*, 5 septembre 2013.
RAYNAL, Juliette, « Grâce au big data, la maintenance devient prédictive », *Industrie et technologie*, 11 juin 2016.
ROZENFELD, Monica, "The Future of Crime Prevention", *The Institute*, 15 septembre 2014.
RUTKIN, Aviva, "Wikipedia searches and sick tweets predict flu cases", *New Scientist*, 17 avril 2014.
SAINT-HYPPOLYTE, Stanislas de, CROWTHER, Philip, « Huit ans après Katrina, La Nouvelle-Orléans panse toujours ses plaies », France 24, 25 avril 2014.
SILLARD, Benoît, « Échec et mat ? Les ordinateurs gagnent du terrain dans la concurrence avec l'humain », *Atlantico*, 13 novembre 2013.
SLAVICEK, Marie, « Le logiciel qui permet de prédire les crimes : quand *Minority Report* devient la réalité », *Atlantico*, 25 janvier 2012.
SOLLETTY, Marion, « Connaître les secrets de son ADN, une fausse bonne idée ? », FranceTVinfo, 12 février 2014.
STURLESE TOSI, Giorgio, « Key Crime, le logiciel qui prédit les crimes », *Courrier International*, 12 novembre 2013.
THAL LARSEN, Peter, "Goldman pays the price of being big", *Financial Times*, 13 août 2007.
The New York Times, "Mme de Thebes's war prophecies", 21 mars 1915.
The Spectator Archive, "Reid's application of the law of storms".
The Times of India, "People seek astrological advise from Banaras Hindu University experts to tackle health issues", 13 février 2014.
THOMAS, Pierre, "Were the Warning Signs of Katrina Ignored?", *ABC News*, 12 septembre 2005.
VERSEL, Neil, "Twitter helps predict ED visits for asthma", *Medcitynews*, 21 avril 2015.
VION-DURY, Philippe, « Pour être efficace, la publicité doit faire semblant de rater sa cible », *Rue89*, 21 octobre 2014.

BIBLIOGRAPHIE

VYAS, Hetal, "Astrology is a science: Bombay HC", *The Times of India*, 3 février 2011.

ŒUVRES CINÉMATOGRAPHIQUES

2001 : l'Odyssée de l'espace (2001: A Space Odyssey), Stanley Kubrick, Metro-Goldwyn-Mayer, Warner Bros et Turner Entertainment, États-Unis, Royaume-Uni, 1968.
Bienvenue à Gattaca (Gattaca), Andrew Niccol, Columbia Pictures, 1997.
Blade Runner, Ridley Scott, Warner Bros, 1982.
Her, Spike Jonze, Warner Bros, 2013.
Interstellar, Christopher Nolan, 2014.
Metropolis, Fritz Lang, Allemagne, UFA et Paramount Pictures, 1927.
Mr. Nobody, Jacob Van Dormael, Wild Bunch, 2009.
Soleil vert (Soylent Green), Richard Fleischer, Metro-Goldwyn-Mayer, 1973.

REMERCIEMENTS

Je dois l'idée de ce livre à mon fils Jérémie, qui a pensé à traiter de ce sujet au cinéma.

Je remercie Nathan Cohen, Florian Dautil, Thibaud Frossart, Laurine Moreau, Victor-Emmanuel Niot, pour avoir relu et vérifié de nombreux détails.

Je remercie Luc Bigé, Bruno Bonnel, Xavier Botteri, Marie-Noëlle Dompé, Francoise Pommaret, Pierre-Henry Salfati, Charles Ratte, pour leurs commentaires si précieux sur certains passages de ce livre ou sur les sujets qui y sont abordés.

Je remercie Sophie de Closets pour son formidable travail éditorial, ainsi que tous les autres collaborateurs de Fayard, en particulier Sophie Kucoyanis, Marie-Laure Defretin et David Strepenne.

Je dédie à Claude Durand ce livre qu'il a voulu, et dont le manuscrit est le premier qu'il n'aura pas relu, après trente-cinq ans d'amitié et de travail commun.

Encore une fois, je serais heureux de dialoguer avec mes lecteurs, qui peuvent m'écrire à l'adresse
j@attali.com

Ceux qui l'ont fait pour mes livres précédents savent que je réponds à tous.

TABLE

CHAPITRE 1
    La prédiction du ciel, pouvoir des dieux 27

CHAPITRE 2
    La maîtrise du temps, pouvoir des hommes 65

CHAPITRE 3
    La maîtrise du hasard, pouvoir des machines 95

CHAPITRE 4
    Comment je prévois l'avenir 147

CONCLUSION 179
BIBLIOGRAPHIE 183
REMERCIEMENTS 211

DU MÊME AUTEUR

Essais

Analyse économique de la vie politique, PUF, 1973.
Modèles politiques, PUF, 1974.
L'Anti-économique (avec Marc Guillaume), PUF, 1975.
La Parole et l'Outil, PUF, 1975.
Bruits. Économie politique de la musique, PUF, 1977, nouvelle édition, Fayard, 2000.
La Nouvelle Économie française, Flammarion, 1978.
L'Ordre cannibale. Histoire de la médecine, Grasset, 1979.
Les Trois Mondes, Fayard, 1981.
Histoires du Temps, Fayard, 1982.
La Figure de Fraser, Fayard, 1984.
Au propre et au figuré. Histoire de la propriété, Fayard, 1988.
Lignes d'horizon, Fayard, 1990.
1492, Fayard, 1991.
Économie de l'Apocalypse, Fayard, 1994.
Chemins de sagesse : traité du labyrinthe, Fayard, 1996.
Fraternités, Fayard, 1999.
La Voie humaine, Fayard, 2000.
Les Juifs, le Monde et l'Argent, Fayard, 2002.
L'Homme nomade, Fayard, 2003.
Foi et Raison – Averroès, Maïmonide, Thomas d'Aquin, Bibliothèque nationale de France, 2004.
Une brève histoire de l'avenir, Fayard, 2006 (nouvelle édition, 2009-2015).
La Crise, et après ?, Fayard, 2008.
Le Sens des choses, avec Stéphanie Bonvicini et 32 auteurs, Robert Laffont, 2009.
Survivre aux crises, Fayard, 2009.
Tous ruinés dans dix ans ? Dette publique, la dernière chance, Fayard, 2010.
Demain, qui gouvernera le monde ?, Fayard, 2011.
Candidats, répondez !, Fayard, 2012.

La Consolation, avec Stéphanie Bonvicini et 18 auteurs, Naïve, 2012.
Avec nous, après nous... Apprivoiser l'avenir, avec Shimon Peres, Fayard/Baker Street, 2013.
Histoire de la modernité. Comment l'humanité pense son avenir, Robert Laffont, 2013.
Devenir soi, Fayard, 2014.

Dictionnaires

Dictionnaire du XXIe siècle, Fayard, 1998.
Dictionnaire amoureux du judaïsme, Plon/Fayard, 2009.

Romans

La Vie éternelle, roman, Fayard, 1989.
Le Premier Jour après moi, Fayard, 1990.
Il viendra, Fayard, 1994.
Au-delà de nulle part, Fayard, 1997.
La Femme du menteur, Fayard, 1999.
Nouv'Elles, Fayard, 2002.
La Confrérie des Éveillés, Fayard, 2004.
Notre vie, disent-ils, Fayard, 2014.

Biographies

Siegmund Warburg, un homme d'influence, Fayard, 1985.
Blaise Pascal ou le Génie français, Fayard, 2000.
Karl Marx ou l'Esprit du monde, Fayard, 2005.
Gândhî ou l'Éveil des humiliés, Fayard, 2007.
Phares. 24 destins, Fayard, 2010.
Diderot ou le bonheur de penser, Fayard, 2012.

Théâtre

Les Portes du Ciel, Fayard, 1999.
Du cristal à la fumée, Fayard, 2008.

Contes pour enfants

Manuel, l'enfant-rêve (ill. par Philippe Druillet), Stock, 1995.

Mémoires

Verbatim I, Fayard, 1993.
Europe(s), Fayard, 1994.
Verbatim II, Fayard, 1995.
Verbatim III, Fayard, 1995.
C'était François Mitterrand, Fayard, 2005.

Rapports

Pour un modèle européen d'enseignement supérieur, Stock, 1998.
L'Avenir du travail, Fayard/Institut Manpower, 2007.
300 décisions pour changer la France, rapport de la Commission pour la libération de la croissance française, XO/La Documentation française, 2008.
Paris et la Mer. La Seine est Capitale, Fayard, 2010.
Une ambition pour 10 ans, rapport de la Commission pour la libération de la croissance française, XO/La Documentation française, 2010.
Pour une économie positive, groupe de réflexion présidé par Jacques Attali, Fayard/La Documentation française, 2013.
Francophonie et francophilie, moteurs de croissance durable, rapport au Président de la République, La Documentation française, 2014.

Beaux-livres

Mémoire de sabliers, collections, mode d'emploi, Éditions de l'Amateur, 1997.
Amours. Histoires des relations entre les hommes et les femmes, avec Stéphanie Bonvicini, Fayard, 2007.

Composition et mise en pages
Nord Compo à Villeneuve-d'Ascq

Impression réalisée par
CPI BRODARD ET TAUPIN
La Flèche
pour le compte des Éditions Fayard
en août 2015

Fayard s'engage pour l'environnement en réduisant l'empreinte carbone de ses livres. Celle de cet exemplaire est de :
0,700 kg éq. CO_2
Rendez-vous sur
www.fayard-durable.fr

PAPIER À BASE DE FIBRES CERTIFIÉES

Imprimé en France
N° d'impression : 3012515
69-8913-5/01